今日から
モノ知り
シリーズ

トコトンやさしい

エコハウスの本

エコハウスは、地域の気候風土、敷地の条件、住み方に応じた自然エネルギーの最大活用、さらに、地域の材料を使うなど、環境に負担をかけない地球にも家庭にも優しい省エネ住宅を指します。

鈴木八十二 監修
エコハウス検討委員会 編

B&Tブックス
日刊工業新聞社

はじめに

現在、"スマート社会"、"スマートハウス"の時代と言われます。この"スマート"とは、"賢い"の意味、つまり、自然を生かし、人間の知恵と地球環境などを最大限に生かし、住みやすい社会やハウスを創る時代を意味しています。この実現には、エネルギーを創出することや作り出したエネルギーを管理することなどが含まれています。

このような背景のもとに、本書はエコハウスに係わる事柄をやさしく説明しているもので、先に出版した"トコトンやさしいエコ・デバイスの本"(日刊工業新聞社、2012年6月発行)の姉妹本として次のような章立にて執筆しています。つまり、序章、「今なぜ、エコハウスなの?」から始まり、第1章、「自然について知ろう!」つまり、住みやすいハウスは自然環境に依存しますので主な自然現象について説明しています。第2章、「先人のハウスについて学ぼう!」と題して、先人が築いてきた主なハウスの特徴や省エネ規制の歴史などを中心に「環境にやさしいハウスとは?」を説明しています。第3章、エコハウス、パッシブハウス、スマートハウスの特徴や省エネ規制の歴史などを中心に紹介しています。第4章、「自然と知恵、工夫されてきたエコハウス」と題して、ハウスに用いられる"ヒノキ材"、"畳材"、癒しを与える"炭"等について説明し、暑さをしのぐ"打ち水"や"屋上緑化庭園"などを紹介し、また、寒さをしのぐ"床暖房"や"断熱ハウス"等について説明しています。第5章、生活に欠かせないエネルギー源(太陽光発電、太陽熱温水器、地熱発電、燃料電池、ヒートポンプによ

る冷暖房、給湯器等)について説明しています。

なお、本書は多岐にわたるエコハウスの話しについての紹介ですのでエコハウス検討委員会を設け、左記のような方々による共同執筆にさせて戴いております。

〈エコハウス検討委員会メンバー(敬称略、順不同)と執筆担当分野〉

① 吉野　恒美・・・序章 ①〜⑤項 & コラム-0、第1章 ⑩〜⑮項、第2章 ⑲〜⑳項、第3章 ㉗〜㉟項 & コラム-3

② 新居崎信也・・・第4章 ㊿項、第5章 ㊾〜㊻項 & コラム-5

③ 鈴木　八十二・・・第1章 ⑥〜⑨項、第2章 ⑯〜⑱項 & コラム-1、第2章 ㉑〜㉖項 & コラム-2、第4章 ㊱〜㊾項、⑤〜㊵項 & コラム-4

このように、多数の方々が執筆したために文体などの統一を行わせて頂きましたが、勘違い、浅学さからくる不具合や誤りがあるかと存じます。その点、御了承を戴きたくお願い致します。

終わりに、先の東日本大震災の早期復興を祈念し、本書のエコハウス、あるいは、その考え方が大震災の復興に何らかの形でお役に立てればと思う次第です。"頑張りましょう！日本！"

本書の執筆に際し、ご協力を戴きました一般社団法人　パッシブハウス・ジャパン・代表理事・森　みわ　氏、特別寄稿を戴きました川崎市地球温暖化防止推進員・宮寺　貞文　氏、出版にあたりお世話になりましたワールド化成(株)・常務取締役・筑木　誠一　氏、同社・取締役・営業部長・阿部　眞之輔　氏らを始めとする関係諸氏に深く感謝を申し上げるとともに、多くの方々の著書、文献、関連資料などを参考にさせて戴きました。ここに、厚く御礼を申し上げる次第です。また、発刊に際して御世話になりました日刊工業新聞社・鈴木　徹　氏、北川

元 氏らを始めとする関係諸氏に厚く御礼を申し上げます。

2013年（H25年）4月

エコハウス検討委員会・委員長　鈴木　八十二　記す！

目次 CONTENTS

序章 今なぜ、エコハウスなの？

1. 縄文時代の住まいはどんな構造なの？「縄文時代はエコハウス？」……10
2. 文明の進化とエネルギーの関係は？「エネルギーのうつり変わり！」……12
3. 家庭のエネルギー消費は？「エコハウスへの心得？」……14
4. 人や環境に配慮したハウスって？「いろんなハウスがあるんだ！」……16
5. 住宅のライフサイクルってなぁ〜に？「LCCM住宅とは？」……18

第1章 自然について知ろう！

6. 太陽の照射角度を知ろう！「ひさしの長さは、どの位なの？」……22
7. 太陽の日照量はどの位あるの？「太陽電池の設置は、どのように考えるの？」……24
8. 風の流れを知ろう！ その1「風の流れは、何で決まるの？」……26
9. 風の流れを知ろう！ その2「大気大循環とは？」……28
10. 気候について知ろう！「日本の気候はどのようになっているの？」……30
11. 熱について知ろう！ その1「熱はどのようにして伝わるの？」……32
12. 熱について知ろう！ その2「建物の断熱性能はどう評価するの？」……34
13. 湿度について知ろう！「相対湿度と絶対湿度って？」……36
14. 夏の暑さと冬の寒さは何で起こるの？「放射エネルギーと気団の影響による夏と冬！」……38
15. 快適な室内の条件を知ろう！「快適な条件は温度と湿度のバランス！」……40

第2章 先人のハウスについて学ぼう！

16 ヒートアイランド現象とは？ その1「なぜ熊谷は日本一、夏暑いの？」……42
17 ヒートアイランド現象とは？ その2「ヒートアイランド現象の対策はあるの？」……44
18 エルニーニョ、ラニーニャ現象による異常気象とは？「日本のハウスに与える影響とは？」……46

19 チセ（アイヌハウス）に見るエコハウスとは？「アイヌの知恵、暖房の工夫！」……50
20 正倉院・正倉にみる校倉造りとは？「高気密高断熱の工夫！」……52
21 ゲル（パオ）の家は涼しく、温かいの？「モンゴルの移動式家ゲル（パオ）！」……54
22 オンドルハウスはエコ暖房の家なの？「オンドル暖房利用の温かい家！」……56
23 タイにみる高床式ハウスは涼しいの？「南国にみる高床式エコハウス！」……58
24 わら、土を用いた癒しのエコハウス！「ストローベイル・ハウスって何なの？」……60
25 かやぶき屋根によるエコハウス！「イネ科多年草で覆った屋根の家！」……62
26 レンガを用いた自然にやさしいエコハウス！「断熱、吸放湿、保温の力で住みよい家！」……64

第3章 環境にやさしいハウスとは？

27 エコハウスとは？「背景と概念！」……68
28 エコハウスの特徴！「省エネ住宅の基本！」……70
29 パッシブハウスとはどんなハウス？「パッシブハウスの背景と概念！」……72

第4章 自然と知恵、工夫されてきたエコハウス

- 30 パッシブハウスの特徴！その1「住宅性能！」 …… 74
- 31 パッシブハウスの特徴！その2「断熱構造と換気装置！」 …… 76
- 32 スマートハウスとは？「背景と概念！」 …… 78
- 33 スマートハウスの特徴は？「HEMS！」 …… 80
- 34 まだあるハウス評価のいろいろ！「安心、安全、快適のポイント！」 …… 82
- 35 我が国の省エネ規制の歴史！「省エネ法制定の背景と歴史！」 …… 84
- 36 ヒノキによるエコハウス！「ヒノキの力で生きる家！」 …… 88
- 37 わら、い草を用いた畳床のエコハウス！「わら、い草による畳で癒される家！」 …… 90
- 38 炭による癒しのあるエコハウス！「炭パワーで癒される家！」 …… 92
- 39 打ち水による涼しいエコハウス！「気化熱の力は涼しい！」 …… 94
- 40 屋根への打ち水による涼しい我が家！「特別寄稿 川崎市地球温暖化防止推進員 宮寺 貞文氏」 …… 96
- 41 雨水利用の給水システムをもつエコハウス！「トイレ洗浄、屋根打ち水などを雨水システムで！」 …… 98
- 42 ルーフシートによる涼しいエコハウス！「ルーフシートによる夏・涼しい家！」 …… 100
- 43 屋根塗装による涼しいエコハウス！「反射・遮光によるクールな家！」 …… 102
- 44 よしず、すだれによる涼しいエコハウス！「自然素材による涼しい家！」 …… 104
- 45 緑のカーテンによる涼しいエコハウス！「緑の力はヒートアイランド対策になる！」 …… 106
- 46 屋上緑化庭園のエコハウス！「屋上庭園による癒しのある夏涼しい家！」 …… 108

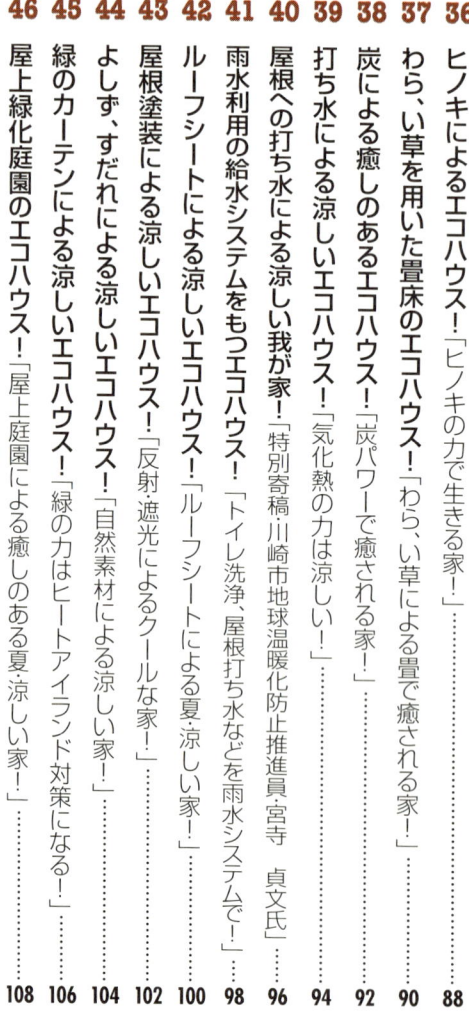

第5章 新エネルギーとは、どんなもの？

47 溶岩外壁による住みやすいエコハウス！「溶岩で心地よい家！」 ……… 110

48 蓄熱効果のあるテラコッタ材を使用したエコハウス！「自然素材テラコッタ利用の家！」 ……… 112

49 省エネヒーターによる心地よい床暖房！「省エネのPTC床暖房ってなぁーに？」 ……… 114

50 足元ほかほかの床暖房！「蓄熱方式の床暖房」 ……… 116

51 断熱を施した省エネルギーのエコハウス！その1「断熱の家とは！」 ……… 118

52 断熱を施した省エネルギーのエコハウス！その2「家の断熱化は家の各部に対して行う！」 ……… 120

53 断熱を施した省エネルギーのエコハウス！その3「断熱材にはどんなものがあるの？」 ……… 122

54 優しいエネルギーとは何なの？「新エネルギーの定義と内容は？」 ……… 126

55 屋根の上の太陽光発電！「太陽電池とは？」 ……… 128

56 家庭における太陽熱利用の温水器！「太陽熱温水器には、いろんなタイプがあるんだね！」 ……… 130

57 温度差による熱発電とは？「電子デバイスによる熱 ── 電気エネルギー変換とは？」 ……… 132

58 風で電気を作ろう！「家庭用小規模風力発電とは？」 ……… 134

59 バイオマスエネルギーとは？その1「バイオマス発電とは？」 ……… 136

60 バイオマスエネルギーとは？その2「廃棄物発電とは？」 ……… 138

61 地域でのコージェネレーション！「街のエネルギー効率向上に寄与するコージェネレーション！」 ……… 140

62 家庭用コージェネレーションとは？「燃料電池（エネファーム®）による発電と温水発生とは？」 ……… 142

63 熱を汲み上げる装置ってなぁーに？「ヒートポンプって何だろう！」 ……… 144

64 インバータエアコンはエコ家電の代表選手！「インバータエアコン！」……146
65 熱を温水に換える給湯器ってなぁーに？「エコジョーズ®とエコキュート®は省エネ給湯器！」……148
66 地中熱によるエアコンとはなぁーに？「地下の熱はエネルギー源として役立っているんだ！」……150

コラム
コラム0 建築用語って？（調べてみると楽しいよ！）……152
コラム1 放射冷却ってどんな現象？（放射冷却を利用した非電荷冷蔵庫！）……20
コラム2 木の上ハウスとカッパドキア！（自然を生かしたエコハウス！）……48
コラム3 地下室の活用！（住居空間が150％に！）……66
コラム4 マンションの部屋はエコハウスなの？（外気面の少ない部屋は暖かい！）……86
コラム5 夜間電力による冷暖房とは？（エコアイス®の運転パターンとは？）……124

参考文献……153
索引……157

序章

今なぜ、エコハウスなの？

● 序章　今なぜ、エコハウスなの？

1 縄文時代の住まいはどんな構造なの？

日本列島は約1万数千年前、地球の温暖化に伴い氷河がとけて海面が上昇し、ユーラシア大陸から切り離されて形成されました。その前後から約2500年前までを縄文時代と呼び、縄文時代に人々の定化が進み集落が出現しました。この頃の住まいは"竪穴式住居"と呼ばれ、地表を数十cm～1m位掘り下げ、広さ数m²～数十m²の円形や方形の床をつくり、その周辺に雨水の流入を防ぐ土を盛り、そこに支柱を組み立て"カヤ"で覆って壁や屋根を葺いた半地下式の家でした。大変シンプルな構造ですが、現在に通じるエコ生活の知恵が駆使され感心させられます。

そのエコ生活の一つが冷暖房機能です。現在では一般的に知られていますが、地中（深さ5m前後）の温度は外気温度に影響が少なくほぼ一定（地域によって異なりますが、約15℃前後）です。竪穴式住居のように、地表から1m近く掘り下げただけでもその効果があり、外気温度との差により床の温度は、冬温かく夏涼しく感じたに違いありません！さらに、床面から1m位掘り下げて土器などを埋め込んで食料を保存したと考えられています。これは、食料を長く保存できるように地中の定温性を利用した恒温保存庫のようなものです。

また、壁や屋根を見てみますと、材料の"カヤ"を幾重にも束ねて、すき間風は通しても雨は通さない構造になっています。さらに、天井付近には排煙のための空気抜きのような穴もあったようです。

このように竪穴式住居は、縄文人にとって冷暖房システム、排気システム、さらに、保存庫も完備した"現在のエコハウス"に通じる快適な生活空間だったのではないでしょうか？

近代社会になって、よりよい生活環境を追及するあまり多くのエネルギーを消費するようになりました。"エコ"が問われている今日、私たちは縄文人の生活様式を顧みる必要があるのではないでしょうか？

縄文時代はエコハウス？

要点BOX
● 地中（地下5m）の温度は、外気温度に影響なく一定（約15℃前後）です！
● 竪穴式住居は、半地下式のエコハウスです！

(a) 竪穴式住居はどのようにして建てるの？

天然の材料だから環境にもやさしいんだね！

(b) 竪穴式住居の中はどのようになっているの？

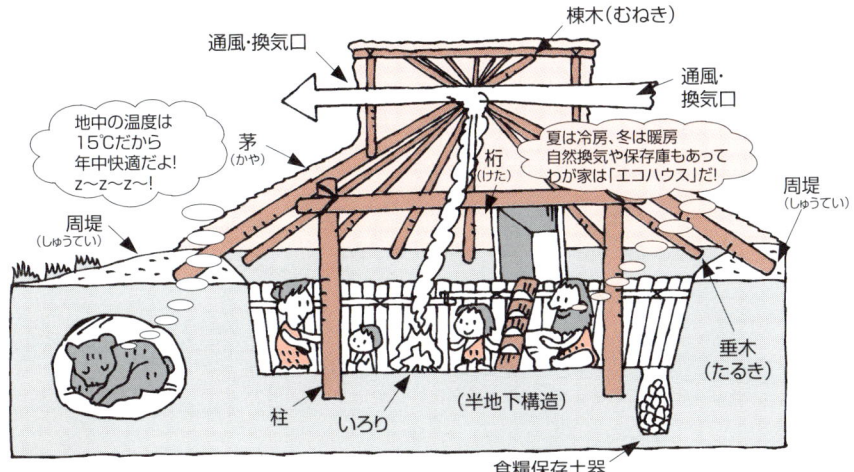

地中の温度は15℃だから年中快適だよ！Z〜Z〜Z〜！

夏は冷房、冬は暖房　自然換気や保存庫もあってわが家は「エコハウス」だ！

通風・換気口／棟木(むねき)／通風・換気口／茅(かや)／桁(けた)／周堤(しゅうてい)／周堤(しゅうてい)／垂木(たるき)／柱／いろり／(半地下構造)／食糧保存土器

用語解説

住居の建築用語：垂木(たるき)＝屋根を支えて傾斜をつくる部材、棟木(むねき)＝住居の頂部で垂木を支える部材、桁(けた)＝柱をつないで垂木を支える部材、周堤(しゅうてい)＝環状に土盛りしたところ

カヤ(茅)：カヤとは、ススキ、チガヤなどの長い繊維の葉や茎をもつ植物の総称です！

●序章　今なぜ、エコハウスなの?

2 文明の進化とエネルギーの関係は？

エネルギーのうつり変わり！

私たちのくらしに不可欠なエネルギーと人類（文明）の関わりについて歴史を追ってみましょう！

この地球に人類が誕生し、太陽、月、星といった天体の"光"を知ることによって人類は進化し始め、人類が"火"というエネルギーを手に入れたのが約50万年前。この火を"明り"や体を温めるための"暖房"に使い、また、食料をおいしく食べるための"調理"などに使い始め、次第に、新しい道具造りにも火を利用するようになりました。つまり、"火"の発見が人類の文明を発展させる出発点になっているのです。

その後、5000年前頃から、牛馬の力を動力源に利用して農耕や牧畜を始めるようになり、15世紀頃から、木炭を暖房に使い、家畜を輸送手段に活用し、自然エネルギーである水力や風力を農作に利用するようになりました。16世紀に入ると、それまでの木炭に代わり石炭が熱エネルギーとして利用され、18世紀に、ワットによる蒸気機関が発明され、工場の動力、蒸気機関車、蒸気船などさまざまな分野に石炭が応用され、従来の畜力や自然エネルギーに比べて生産力が大幅に向上し、石炭の消費が飛躍的に増大していきました。19世紀に入り、石炭の大量生産が可能になると、エネルギーの主役が石炭から石油へと移行し、その利用方法が急速に多岐化し、交通機関、暖房用、火力発電用などの燃料として、その消費量が飛躍的に増えたのです。1970年代、2度のオイルショックで単一のエネルギーに頼りすぎることの危険性を思い知らされ、その経験から原子力や天然ガスなど新エネルギーの導入が進みました。この結果、これら各エネルギーの消費によって非常に多くの二酸化炭素（CO_2）が大気中に放出され、"地球温暖化"の問題に直面していくのです。

現在、地球温暖化対策等のためにエネルギーの消費量をできるだけ減らすと同時に、化石燃料から再生可能エネルギーへの転換が求められているのです。

要点BOX
●"火"の発見が文明を発展させ、現在、エネルギーの消費量を減らし、再生可能エネルギーへの転換が求められています！

(a) 文明の進化とエネルギー源の歴史は？

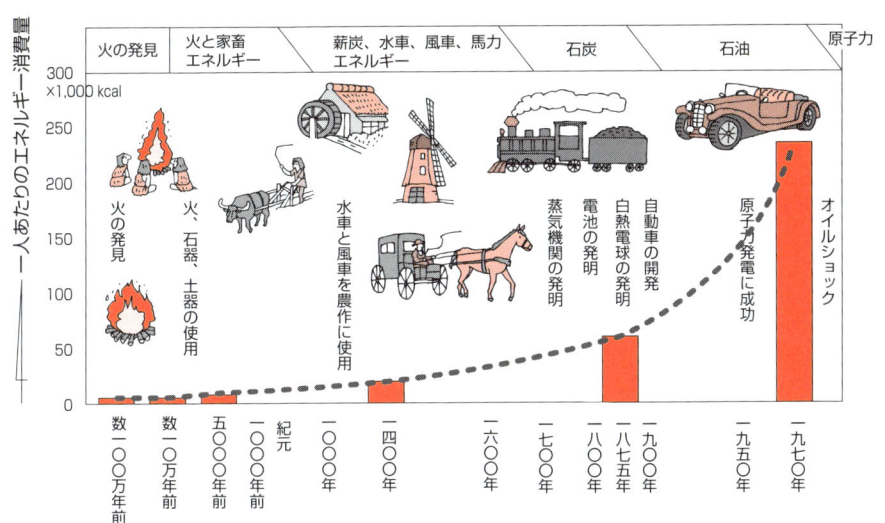

(b) 近代のエネルギー源はどのように変わったの？

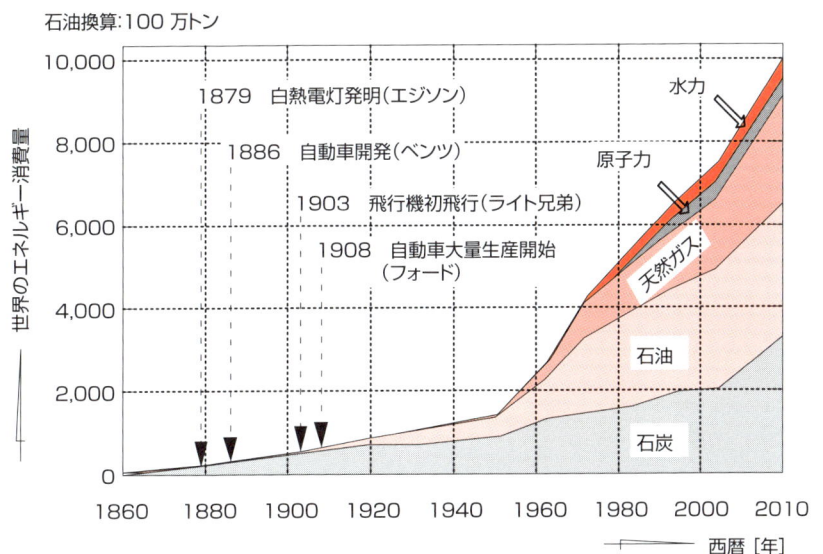

出典：経済産業省 資源エネルギー庁 エネルギー白書 2011年をもとに作成

用語解説

化石燃料：石炭や石油など太古に動植物が堆積物となり、地圧や地熱などによって変成して出来た有機物燃料のことです！

再生可能エネルギー：太陽光、風力、水力、波力、地熱、太陽熱など自然的に再生され、枯渇することのないエネルギー資源のことです！

●序章　今なぜ、エコハウスなの？

エコハウスへの心得？

3 家庭のエネルギー消費は？

省エネルギー化がわかっていても「実際、家庭内で最もエネルギーを消費しているのは何なのか？」を知らなければ、その対応が難しいでしょう！　家庭の一年間のエネルギー消費の平均的な割合は、暖房、給湯・厨房、照明・動力（家電）などがそれぞれ約1／3ずつを占めています（図(a)参照）。家庭のエネルギー消費を大きく減らすためには、これらアイテムの省エネルギー化を図ることが必要なのです。

家庭でのエネルギー消費は、生活の利便性、快適性を追求するライフスタイルの変化、国内人口の変化、特に、世帯数の増加等の社会構造変化の影響を受け、著しく増加しています（図(b)参照）。

我が国の家庭が消費する総エネルギー消費効率は、大幅に向上していますが、機器の大型化、多様化等により家電機器のエネルギーが増加傾向になっており、さらに、世帯数の増加との相乗効果により1965年高度経済成長時代に対して2009年の世帯あたりのエネルギー消費は2・2倍、世帯数は1・9倍と増大し、合計で4倍以上になっています。

また、エネルギーの推移を見ますと、石炭から灯油（石油）へ、灯油から電気へと主流が移り変わってきており、今後ますます電気への依存度が高くなると考えられます（図(c)参照）。では、この電気の消費量をどのようにして減らしていったらよいのでしょうか？

例えば、エアコンの温度設定をこまめに調節したり、テレビを見る時間を減らす等いろいろな方法がありますが、一番重要なのは住宅自体、または、住宅を取り巻く環境が省エネルギー化に対応しているかを見定めることです。

また、省エネ住宅と言うだけで"エコハウス"は実現するのでしょうか？　"エコハウス"は人にやさしく環境にもやさしくなければなりません。また、何よりも住人が機器を正しく使いこなすと同時に省エネルギー化を心がける工夫が重要になってくるのです。

要点BOX　●家庭で消費する総エネルギーは、機器の大型化、多様化、および、世帯数の増加との相乗効果で増大しています！

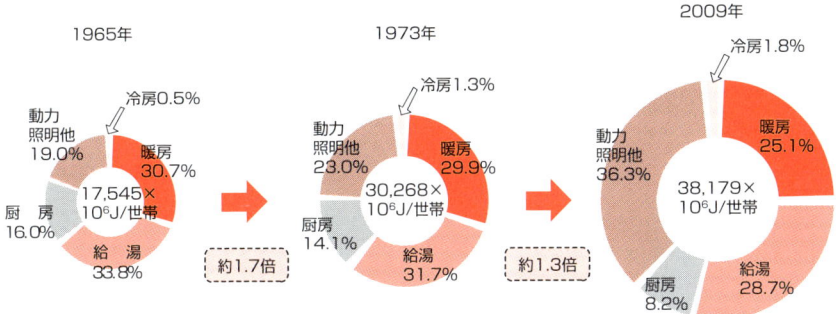

(a) 世帯あたりのエネルギー消費推移

出典:経済産業省 資源エネルギー庁 エネルギー白書2011をもとに作成

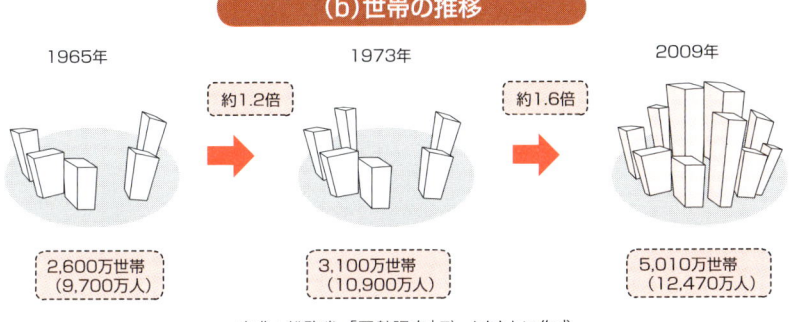

(b) 世帯の推移

出典:総務省、「国勢調査」データをもとに作成

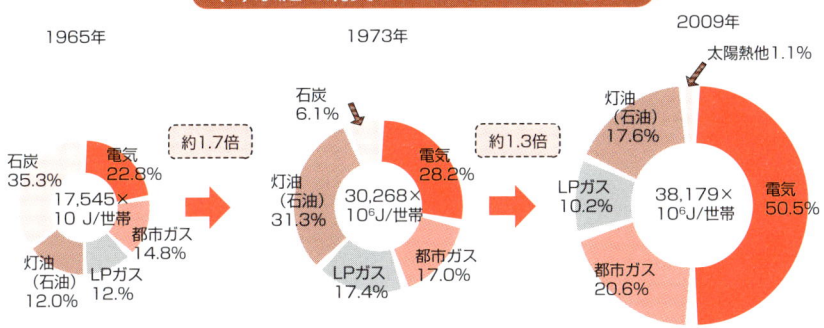

(c) 家庭で消費されるエネルギーの推移

出典:経済産業省 資源エネルギー庁 エネルギー白書2011をもとに作成

4 人や環境に配慮したハウスって？

いろんなハウスがあるんだ！

"ハウス"をいろんな角度から見てみましょう！ハウスの耐久性は、使用される建材の種類によって大きく左右されます。法隆寺など日本の古い木造建築物が約1300年経っても強度が落ちていないことは良く知られています。また、一般住宅で用いられる木材も100年や200年では強度が落ちないこと、木材は、鉄の約3～4倍あることが研究や調査でわかっています。鉄筋コンクリートでは、材料の酸化や熱収縮などによって劣化が加速されると寿命が極端に短くなるといわれています。

また、ハウスを取り巻く環境の一つに、材料の製造過程に放出される二酸化炭素（CO_2）による地球温暖化があります。木材の場合、森林伐採から建材に至るまでCO_2の放出量はわずかですが、鋼材やコンクリートの場合、原材料から建材まで多くの製造工程を経るために木材の数倍から数百倍のCO_2を放出します。

よって、同じ体積の住宅で比較しますと鉄筋コンクリート住宅は、木造住宅の約3倍のCO_2を放出することになります。

次に、健康についてみてみましょう！本来、人を守るために建てられるのが家の役割です。しかし現在、建材は化学物質等に支配され、逆に、健康障害などを引き起こす原因とさえ言われています。それは、大量生産や大量消費という時代の流れに伴い、安価で品質の良い合成化学物質で製造、処理された建材を安易に使うようになった結果ともいえるでしょう！

このように"エコハウス"は、単に省エネルギーに対応するだけではなく、地域の特色を生かしながら環境や人への配慮をしていかなければならないのです。また、最先端技術を駆使して家庭のエネルギーを一元管理し、省エネルギー化する"スマートハウス"や自然のエネルギーを最大限に生かす"パッシブハウス"など、いろんなハウスがあるのです。

要点BOX
●木材は、鉄筋やコンクリートに比べて「引張強度」、「圧縮」、「曲げ」に強く、二酸化炭素（CO_2）の放出量が少ない建材です！

用語解説

スマートハウス：情報通信技術（IT：Information Technology）を使って家庭内のエネルギー消費が最適に制御された住宅をさします！
HEMS（Home Energy Management System）：ヘムスと呼ばれ、家庭内のエネルギーを管理するシステムをさします！
パッシブハウス：ドイツや北欧で実用化されている高性能な省エネルギーハウスのことです！

● 序章　今なぜ、エコハウスなの？

5 住宅のライフサイクルってなぁ～に？

LCCM住宅とは？

2011年3月11日の東日本大震災に伴う電力の供給力低下により節電に向けたエネルギーに関する意識が大きく転換しつつあります。このような背景の中、低炭素社会の早期実現に向けて"住宅のライフサイクル"の取り組みが急務になってきています。

住宅のライフサイクルとは、資材調達→建材製造→建築→運用（入居）→解体→リサイクル、廃棄の一連の流れをさします（図ⓐ参照）。このライフサイクルにおいて、排出される二酸化炭素（CO_2）を徹底的に減少させるためにエネルギーの消費量を最小限にとどめ、さらに、太陽光、太陽熱、風力などの再生可能エネルギーを利用することによってCO_2の収支がトータルでマイナスとなるような住宅のことを"ライフ・サイクル・カーボン・マイナス（Life Cycle Carbon Minus：LCCM）住宅"と呼びます。

一般住宅においては、資材調達～建築過程までエネルギーを使用することによりCO_2を排出します。さらに、住宅運用中（入居後）は、冷暖房、照明、家電などでエネルギーを消費し、解体～リサイクル、廃棄に至るまでCO_2を排出し続けます。つまり、CO_2の収支で言えば増加する傾向状況にあるのです。

これに対してLCCM住宅とは、自然の無垢材を使用し、資材調達～建築過程にかかるCO_2の排出量を少なくし、住宅構造の工夫によって運用中のエネルギー消費量を最小限にし、さらに、太陽光発電などの利用により運用中に排出したCO_2を上回るエネルギーを創出して、一年毎の収支をマイナスにすることによって住宅のライフサイクルトータルをマイナスにしようと言う考え方なのです（図ⓑ参照）。

このように住宅設計の段階において、①環境負荷の少ない木材など自然材料の使用、②地域環境を生かした建築構造設計、③高効率の設備機器の使用、④再生可能エネルギーの利用など住宅のライフサイクルをトータルで考慮することが重要になるのです。

要点BOX
●住宅のライフサイクルとは、資源調達 → 建材製造 → 建築 → 運用（入居）→ 解体 → リサイクル、あるいは、廃棄の一連の流れをさします！

(a) 住宅のライフサイクル模式図

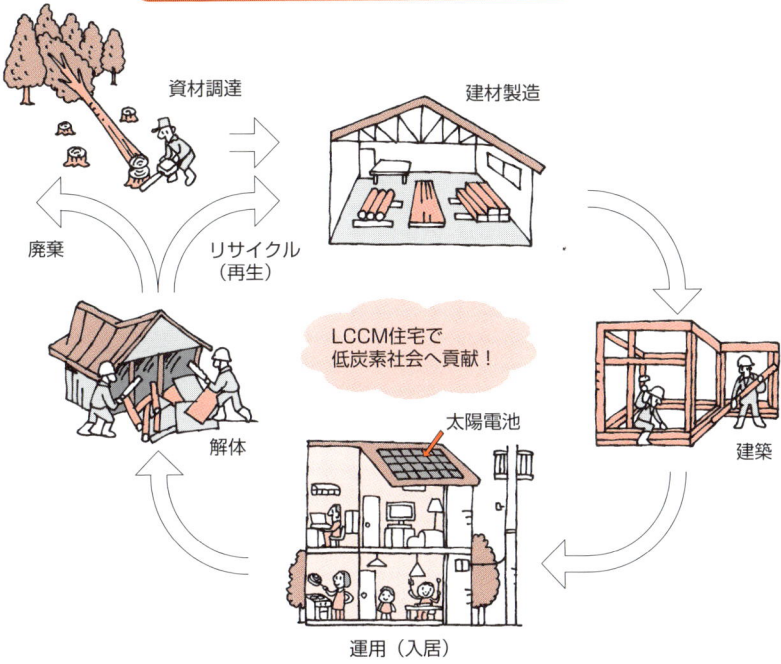

(b) LCCM住宅と一般住宅のCO_2収支特性

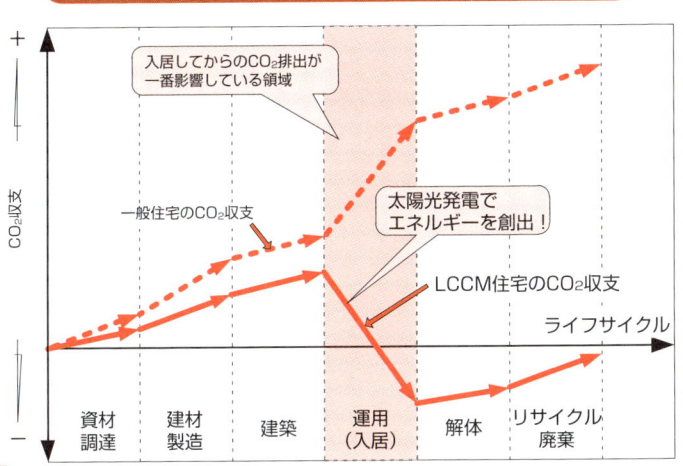

用語解説

低炭素社会：地球温暖化の緩和を目的として、二酸化炭素(CO_2)の排出が少ない社会をさします！
LCCM住宅：LCCMとは、Life Cycle Carbon Minusの略で、住宅の一生を通してCO_2の収支がマイナスになるような住宅をさします！

Column ⓪

建築用語って？
（調べてみると楽しいよ!）

建築の世界には、ユニークな専門用語が沢山あり、工事現場では当たり前のように使われています。

例えば、建築現場にはいろんな動物達がいます。その動物達を紹介しましょう。"ネコ"、これは猫"ですが、工事現場などで生コンクリートや土砂を運搬するのに用いる1輪車のこと！あるいは、"根子"と書き、基礎と土台の間に噛ませて床下の通気を確保するための部材、もしくは、その工法のこと！"ウマ"、これは"馬"ですが、切り台や仮設テーブルなど4本足の台のこと！"トラ"、これは"虎"ですが、簡単な荷吊り装置の垂直に立てた棒が倒れないように維持するために張ったロープのこと！あるいは、"虎綱"とも呼びます！"ざる"、これは"猿"ですが、雨戸や板戸を戸締まりするために

上下に移動する細木のこと！その他、"ウズラ"、"鳩"、"からす"などの鳥達もいます。まるで動物園のようですね！

実は、食べ物もあります。"キャラメル"、これは鉄筋の間隔や鉄筋のかぶり厚さを確保するスペーサーのこと！"ドーナツ"、これは、コンクリート打設時、鉄筋と型枠の間隔を保つために使う円形のスペーサーのこと！"ラーメン"、これは鉄筋構造において 柱と梁が一体化して変形しないようにする骨組みのこと！"らっきょう"、これは鉄筋工事の肋（あばら）筋の加工で上辺をつながずにコの字形にした組み立て方のこと！"竹の子"これは工事用の給排水、給気用のビニールホースやゴムホースを接続する時に使用する継手のこと！"チーズ"、これはT字型の継手のこと！"あんこ"、これは施工の仕

上げ面にはみ出た下塗り材のこと！などです。こちらは、ちょっとした和洋折衷のレストランのようですね。

このように、建築用語は難しそうですが、調べてみると楽しいも
のです。

建設用語って面白い言葉ね！

第1章
自然について知ろう!

●第1章　自然について知ろう！

6 太陽の照射角度を知ろう！

ひさしの長さは、どの位なの？

家の住み心地や生活は、太陽の日差し方向（照射方向）や風の流れなどによって左右されます。特に、太陽の照射角度はエコハウスの建て方（設計）に大きく依存します。ここでは、太陽の照射角度（南中高度）について概説します。

ご承知のように、地球は自転しながら太陽の廻りを公転する軌道に対して地球の軸（地軸）が23・4°傾き、楕円周回しているので夏（夏至）と冬（冬至）があり、その中間に春（春分）、秋（秋分）があるのです（図(a)参照）。

夏は太陽の照射角度（南中高度）が高く、照射している時間が長くなり、冬は太陽の照射角度（南中高度）が低く、照射している時間が短くなります。したがって、夏は暑く、冬は寒くなります（図(b)参照）。

このような四季をもつ日本における家（エコハウス）の建て方（設計）としては、夏は日当たりのさえぎられる家、冬は日当たりの良い家が望まれるわけです。

特に、太陽の照射角度（南中高度）を考慮して、夏の照射光を遮蔽し、夏の暑さを軽減することが必要です。これには、2階の"ひさし"を出して照射光を遮蔽し、1階の遮蔽は2階のベランダ、あるいは、ルーバー（Louver）などによって照射光を遮蔽するなどです（図(c)参照）。

ひさしの長さは、夏と冬の太陽の照射角度と窓口高さを求めて決めます。例えば、東経140°、北緯36°（東京近傍地域）を考えますと、地軸が23・4°傾いていますので夏季（6〜9月頃、11〜13時）の照射角度は55〜78°、冬季（11月〜翌年の1月頃、11〜13時）の照射角度は30〜50°になりますので"ひさし"は約750〜900mm程度の長さが必要と思われます。

要点BOX

●エコハウスは、太陽の照射角度によって"ひさし"等を決め、夏の照射光の遮蔽を考慮します！

(a) 日本の四季はどのようにして起こるの?

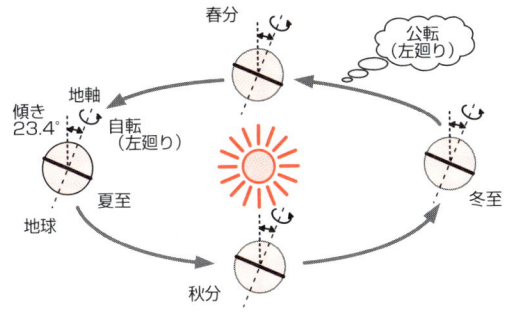

(b) 日本の四季における太陽の位置はどこにあるの?

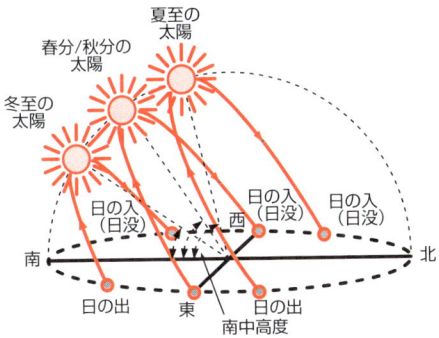

南中高度の算出式
夏：90°−緯度＋地軸傾き（23.4°）
冬：90°−緯度−地軸傾き（23.4°）

(c) 日本住宅のひさしの長さはどの位なの?

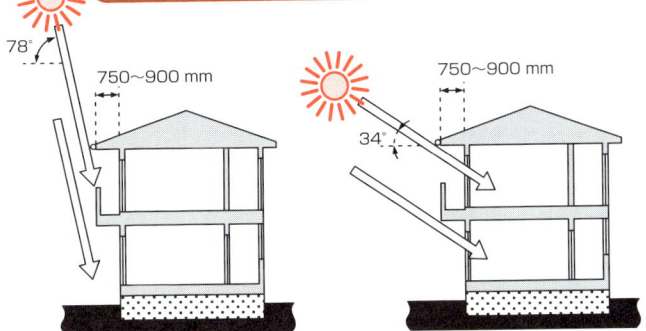

(i) 夏季(6〜9月)の"ひさし"の効果　　(ii) 冬季(11〜翌1月)の"ひさし"の効果

出典：エコハウス研究会、"エコハウスの設計"、オーム社、1994(平成16年)年6月、pp.69-70

用語解説

南中高度：太陽が真南にきた時の時刻を"南中時刻"と呼び、その時の太陽の高さ(角度)を"南中高度"と呼びます!
ルーバー(Louver)：羽板(はいた)と呼ばれる細長い板を枠組みに縦、または、横に組み、羽板の取り付け角度によって、光、風、雨、埃、視界などを選択的に遮断させたり、透過させたりすることができる建築材料です。

7 太陽の日射量はどの位あるの?

太陽電池の設置は、どのように考えるの?

太陽の射す量(日射量)は、地球上の位置、季節、および、時刻によって決まります。例えば、北緯36°における太陽高度と方位角は、夏(6〜9月)になりますと約75〜78°と高く、方位角も広く、日射時間(日が照った時間)が長くなります。一方、冬(11〜翌1月)になりますと約30〜34°と低く、方位角も狭く、日射時間が短くなります(図(a)参照)。

このような背景から、家のひさしは夏の強い太陽光からの照射光を避けるために必要になりますが、反面、冬の弱い太陽光を部屋に取り込むために短くしなければなりません(6項参照)。最近、太陽光発電のために太陽電池(ソーラーパネル)を設置する家が多くなっていますが、この太陽電池を設置する場合には、方位角と屋根の斜角などが重要になってきます。

一般に、日本の家の中における方位と日射量との関係は、夏になりますと太陽高度が高くなるために南の日射量の家への入り方が減り、東と西の日射量の家への入り方が多くなり、日射時間も長くなります(図(b)(i)参照)。一方、冬になりますと太陽高度が低くなるために南の日射量の家への入り方が増え、東と西の日射量の家への入り方が少なくなり、日射時間も短くなります(図(b)(ii)参照)。また春秋は、太陽高度が夏と冬の中間になるために南の日射量、東西の日射量の家への入り方が均一になり、日射時間も程々の長さになり、住みやすくなります(図(b)(iii)参照)。よって、家の採光と部屋の冷房を考えますと夏における東西からの日射を避けることが望ましいわけです。

このように、太陽高度、方位角、日射量、および、日射時間との間には深い関係がありますので、これらの特長を考慮して家(エコハウス)を考えていかねばなりません。

要点BOX
●太陽の射す量は地球上の位置、季節および時刻によって決まり、夏は太陽が高く日射時間が長く、冬は太陽が低く日射時間が短くなります!

(a) 時刻別太陽の位置図（北緯36°）

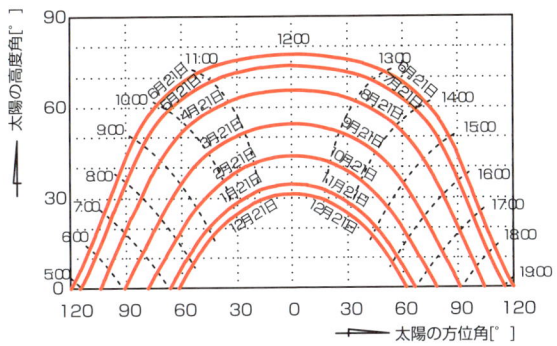

出典：日本環境財団エコロジーハウス推進機構、"エコハウスマニュアル"、& 井上牧ほか、"エコハウスの設計"、(株)オーム社、pp.67-69、1994(H16)年6月

(b) 冷房負荷算定用壁面日射量

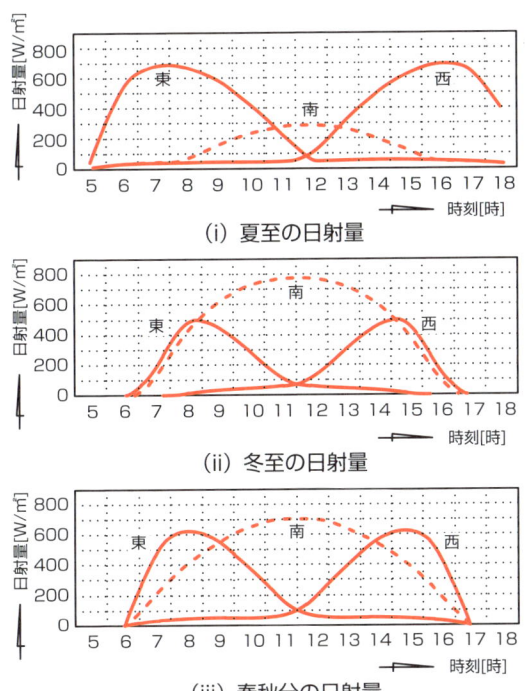

(ⅰ) 夏至の日射量

(ⅱ) 冬至の日射量

(ⅲ) 春秋分の日射量

出典：宿谷　昌則ほか、「「建築の設備」入門　空調・給排水・防災・省エネルギー」、新訂版、「建築の設備」入門　編集委員会編、(株)彰国社、pp.39-41、2009(H21)年7月

用語解説

冷房負荷算定用壁面日射量：目標温度の冷房にするために必要なエネルギー量や熱量を算出し、用いる冷房装置を決めるための備え付ける壁の日射量をさします！

● 第1章　自然について知ろう！

8 風の流れを知ろう！ その1

風の流れは、何で決まるの？

空気の流れで空気が動くと風になります。空気は、熱せられると空気の密度が小さくなり、軽くなって上昇して低気圧になります。一方、冷やされると密度が大きくなり、重くなって下降して高気圧になります。この高気圧と低気圧の差によって風が吹きます。この風について概説しましょう！

① 大規模な風（大気大循環）：温度の高い低緯度（赤道、0〜30°）地域と温度の低い高（極）緯度地域（60〜90°）との間で吹く風をさし、一種の対流現象による風で、熱を低緯度地域から高緯度地域へ運び、地球全体の加熱や冷却が一方的に起こらないような役割を担っております。ここで、発生する風には、貿易風、偏西風（ジェット気流）、極偏東風等があります。

② 季節風：季節によって風向きを変える風で、"モンスーン"とも呼ばれます。冬には、大陸の寒冷高気圧から海に向かって吹き、夏には、海の温暖高気圧から大陸に向かって吹きます。日本付近においては、冬の北西季節風が日本海側に大雪、太平洋側に異常乾燥をもたらし、夏の南東季節風が蒸し暑さをもたらします（図a参照）。また、東南アジアでは、南西モンスーンが豪雨や洪水をもたらすことがあります。

③ 海陸風：海岸において、昼間の日射で陸地の温度が海に比べて高くなり、空気が温められて上昇して冷たい空気が海から陸地へ流れ（海風）、逆に、夜間では陸地の温度が低くなり、海の空気が上昇して冷めたい空気が陸地から海へ流れます（陸風）（図b参照）。

④ 山谷風：日中、南向きの山の斜面が周囲より上昇し、山の斜面に沿って上昇気流が発生し、風が谷から吹き上がります（谷風）。一方、夜間になると放射冷却により山頂から斜面に沿って風が吹き降ります（山風）（図c参照）。

⑤ 局地風："赤城おろし"など地形によって生じる風をさし、前述の海陸風や山谷風も局地風の仲間になります。この他、ふすま風、突風、暴風等があります。

要点BOX
●風とは空気の流れで空気が動くと風になり、高気圧から低気圧に向かって吹き、大規模な風、季節風、海陸風、山谷風、局地風等があります。

(a) 季節風

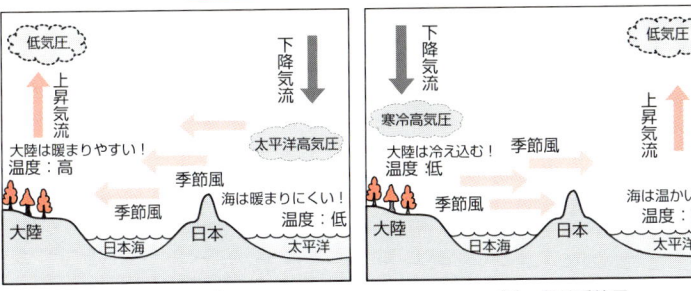

(i) 夏の季節風 (ii) 冬の季節風

出典：武田　康男　監修、"天気の大常識"、(株)ポプラ社、p.20、2004(H16)年7月

(b) 海陸風

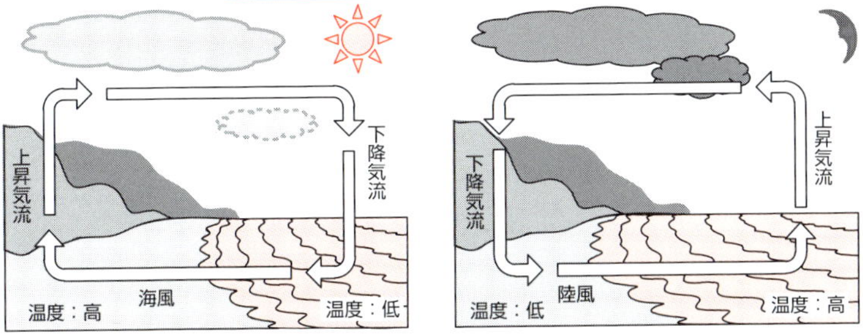

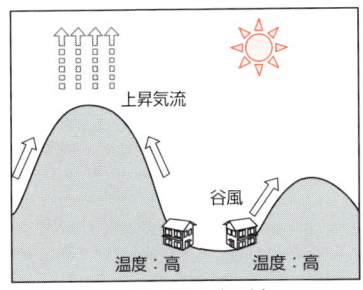

(i) 海風（昼間） (ii) 陸風（夜間）

出典：宮沢　清治　著、"天気図と気象の本"、(株)国際地学協会、p.14、1978(S53)年10月1日
(注・朝なぎ、夕なぎ：海風と陸風が交替する朝夕の無風状態をさします!)

(c) 山谷風

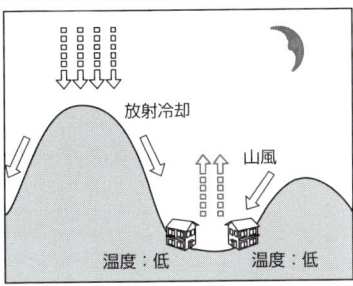

(i) 谷風（日中） (ii) 山風（夜間）

用語解説

貿易風：亜熱帯高気圧から赤道に向かって、いつもほぼ同じ向きの東寄りの地球規模の風を"貿易風"と呼びます。
偏西風：中緯度地域（日本近傍、30〜60°）の上空に吹く、地球規模の風を"偏西風"と呼び、日本の気候を左右します。なお、上空の風速30m/s以上の風を"ジェット気流"と呼びます。
極偏東風：高緯度地域（北極地域、60〜90°）で吹く風を"極偏東風"と呼びます。
放射冷却：コラム-①を参照して下さい！

9 風の流れを知ろう！ その2

大気大循環とは？

風の流れには、地球全体のバランスを保つために大規模な風の流れ（大気大循環）があり（8項参照）、コリオリの力によって三つの大気の流れがあります。この流れを北半球についてみてみましょう！

① 低緯度地域（赤道地域、0〜30°）では、他の地域に比べて太陽の日差しが高いために気温が高く、温められて軽くなった空気がいつも上昇し（上昇気流）、上空では赤道に向かう南西の風になり、海上では、中緯度地域（日本近傍、30〜60°）あたりの冷たい空気が北東の風になって入り込みます（下降気流）。この風を"貿易風"と呼んでいます。

② 高緯度地域（北極地域、60〜90°）では、他の地域に比べて日差しが低いために気温が低く、冷めたく重い空気がいつも地上にあり、温かい空気が上空に積もった状態にあります。この地上の冷たい空気は、中緯度地域へ向かって吹き出し（極偏東風）、中緯度地域の温かい空気が上空に流れ込みます。また、地上

は冬夏ともに晴れて寒く、積雪の少ない地域です。

③ 中緯度地域（日本近傍、30〜60°）では、南北の温度差が大きく、地球の自転や海陸の分布割合等のために"偏西風（上空の風速30m／s以上の風はジェット気流）"が吹き、高緯度地域からの空気流入によって蛇行し、南側の温かい空気が左周りに北東へ上昇し、北側の冷たい空気が右周りに南東へ流れ込みます（図参照）。この偏西風は、日本の気候を左右します。

〈春・秋〉海と大陸との温度差が小さく、偏西風の蛇行に伴う温帯低気圧が規則的になり、日本の上空を通過して晴れの日と雨の日が周期的に変わります。

〈夏・冬〉海と大陸との温度差が大きく、東西の違いが大きくなり、夏は太平洋高気圧の暖かい湿った空気により蒸し暑い日々になり、偏西風帯は北上します。また、冬は大陸の冷たい高気圧により寒い日々になり、偏西風帯は南下します。

要点BOX
● 地球全体の温度バランスを保つために大規模な風の流れがあり、これを"大気大循環"と呼びます。

地球規模の風の流れ！（大気大循環）

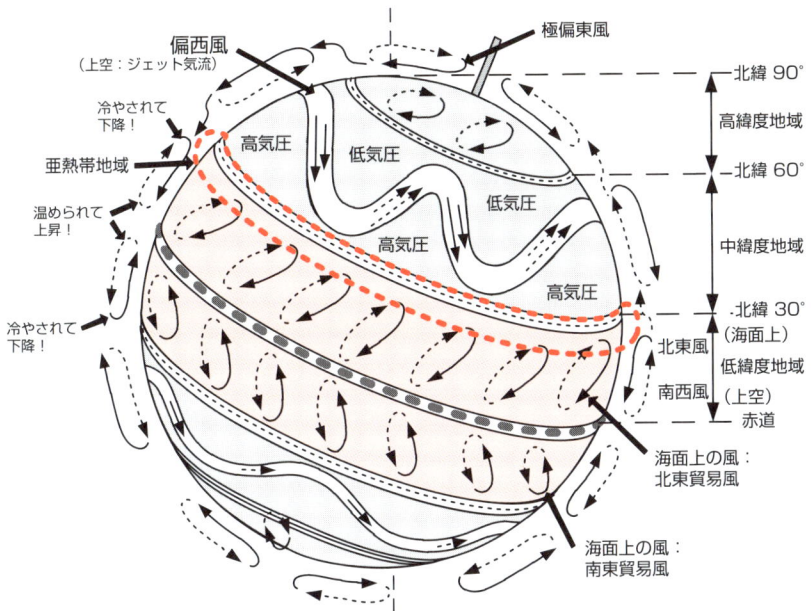

参考文献：木村龍治ほか、"みるみる理解できる天気と気象"、Newton別冊、（株）ニュートンプレス、pp.24-37、2007（H19）年6月 & 永井隆昭、"トコトンやさしい風力の本"、日刊工業新聞社、pp.10-17、2002（H14）年12月

用語解説

コリオリの力：地球上の動く物体は、地球の自転によって北半球では進行方向の右向きの力を受けて曲がり、南半球では進行方向の左向きの力を受けて曲がる現象を"コリオリの力"と呼びます。

●第1章　自然について知ろう！

10 気候について知ろう！

日本の気候はどのようになっているの？

気候とは、ある地域の一年を周期として繰り返される大気状態を言います。気候は太陽から供給される熱（放射エネルギー）が源となり、地球の地軸傾きや自転、公転、緯度、高度、隔海度（近海や内陸）、海陸の分布、大陸との（東西）相対的位置、海流などによって起こる様々な気象現象に起因し、この気候を構成するのは気温、降水量、風の三大要素の他に、日照時間、湿度、気圧などです。

日本列島は北海道〜沖縄まで南北に細長く、中央に山脈が縦断した複雑な地形の島国であり、南から太平洋側に黒潮（日本海流）、日本海側に対馬海流、北から太平洋側に親潮（千島海流）、日本海側にリマン海流が流れており、この海流や季節風などの条件が気候に影響を与えます（図(a)参照）。

日本の気候は四季の区別があり、夏は南東から季節風が吹き高温多湿で雨が多く、冬は北西からの季節風が吹き気温が低く降水量が少なく、日本海沿いを中心として積雪が多い気候です。

世界の気候で見ると日本は温帯気候ですが、周辺にある気団の影響で、次のように分類できます。つまり、①北海道気候、②太平洋岸気候、③日本海岸気候、④内陸性気候、⑤瀬戸内海気候、⑥南西諸島気候の六つです。このような気候ですが、同じ地域内でも多少気候差が生じますので気候区分の境界引きは難しく、日本地形の複雑さを現しています。

過去30年間（1982〜2011年）の地域別年間平均気温を見てみますと、札幌市が8・9℃、那覇市が23・1℃、その差は14・2℃あり、総じて日本列島は温暖な気候ですが、亜寒帯（冷帯）〜亜熱帯まで幅広い気候分布になっています（図(b)参照）。

エコハウスには、これらの気候要素を上手く活用する建築構造設計が求められます。したがって、住宅を建てる時には、その土地の地形条件と気候をよく知ることが重要になってきます。

要点BOX
●気候とは、ある地域の一年を周期として繰り返される大気状態をいい、日本の気候は六つに大分類できます！

(a) 日本の気候を構成する要素（模式図）

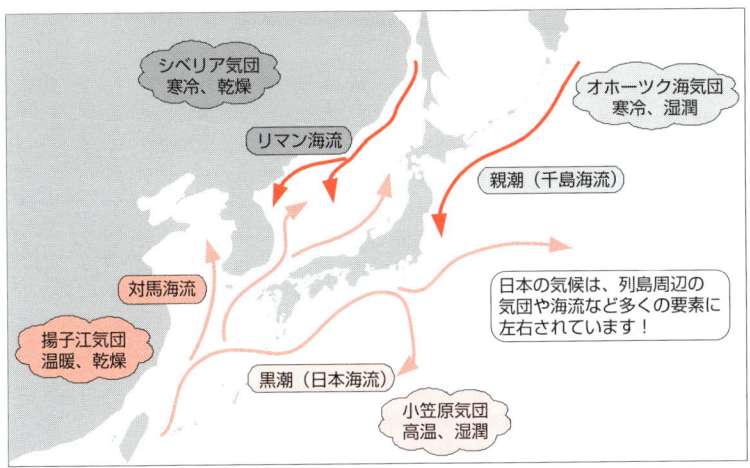

出典：気象庁のデータを参考に筆者が作成！

(b) 日本の気候の特徴は？

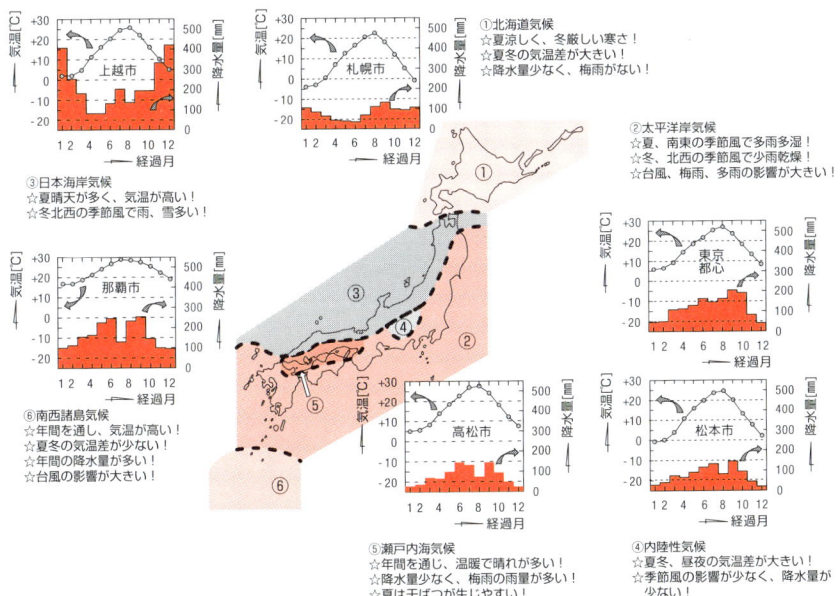

出典：気象庁、1982年～2011年の気象統計情報をもとに筆者が作成！

用語解説

気団：気団とは、一定の温度と湿度が広い範囲に停滞する大気の塊をさします！
湿潤：湿潤とは、水分を多く含んで湿っている意味です！

●第1章　自然について知ろう!

11 熱について知ろう！その1

熱はどのようにして伝わるの？

　"熱"とは、温度差のある物質間を移動するエネルギーの一つの形態です。物質に熱を与えると物質を構成している粒子（原子、分子、自由電子など）の運動が活発になり、温度が高くなっているのです。物質の温度が高い程、その物質の持つ運動エネルギーは大きく、この運動エネルギーの移動が熱移動なのです。物質には、気体＜液体＜固体の順に熱を伝えやすく、また同じ固体でも、木材＜コンクリート＜金属の順に熱を伝えやすい性質があります。これらは、物質を構成する粒子の熱の伝わりやすさ（熱伝導率）に関係しています（図(a)参照）。

　熱移動には、"熱伝導"、"熱対流"、"熱放射（または、熱輻射）"の三つの形態があります。まず、"熱伝導"とは、固体内部の温度の高い所から低い所へと熱が移動する現象です。例えば、金属棒の一端を熱すると温度の低い他端の方へ熱が伝わっていく状態です。

　次に、"熱対流"とは、熱を蓄えた流体（液体や気体）が移動することで、流体と共に熱も移動する現象です。熱対流には、空気や水のように温められると膨張して軽くなり、空気や水自身が熱をもって浮遊上昇する"自然対流"とエアコンなどのように温風や冷風を放出して対流させる"強制対流"があります。

　"熱放射（熱副射）"とは、熱が電磁波（熱線、遠赤外線）の形で物質から物質へ伝わる現象です。物質は物質自身の温度に応じた電磁波を放出しています。この電磁波が他の物質にあたると、そのエネルギーにより粒子が振動して熱を帯びるのです。例えば、太陽光により屋根や外壁の表面が熱くなることや焚火にあたると手や顔が暖かく感じることは熱放射の影響なのです（図(b)参照）。

　私たちの周りに起こる熱移動は、"熱伝導"、"熱対流"、"熱放射"の三つの形態がお互いに作用しながら同時に起こっています。エコハウスは、これらの熱移動をコントロールすることが重要になってきます。

要点BOX
●熱は物質を構成する粒子（原子、分子、自由電子）の運動エネルギーの一つの形態で、熱伝導、熱対流、熱放射の三つの移動形態があります！

(a) 物質の種類によって熱の伝わりやすさが異なります！

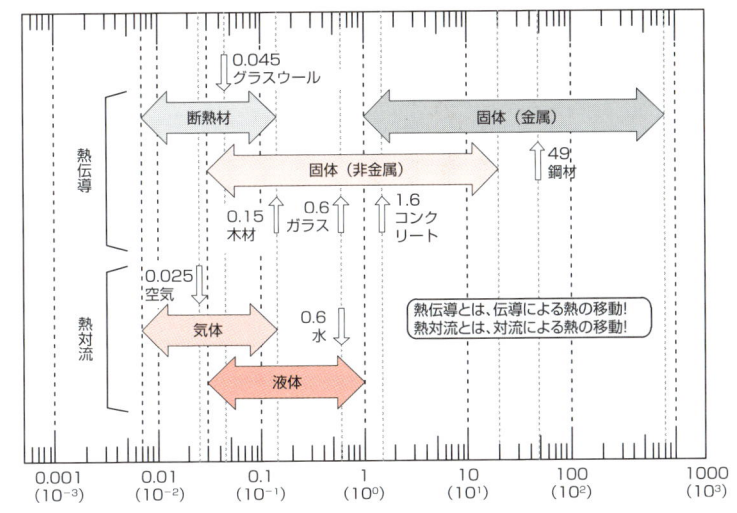

伝わりにくい！ ⇐ 熱の伝わりやすさ（熱伝導率［W/mK］） ⇒ 伝わりやすい！

熱伝導：
- 断熱材
- 0.045 グラスウール
- 固体（非金属）: 0.15 木材、0.6 ガラス、1.6 コンクリート
- 固体（金属）: 49 鋼材

熱対流：
- 気体: 0.025 空気
- 液体: 0.6 水

熱伝導とは、伝導による熱の移動！
熱対流とは、対流による熱の移動！

0.001 (10⁻³)　0.01 (10⁻²)　0.1 (10⁻¹)　1 (10⁰)　10 (10¹)　100 (10²)　1000 (10³)

出典：国立天文台編、"理科年表"、平成24年（第85冊）、丸善出版、pp.物54(416)～P物56(418)から筆者が作成！

(b) 熱の伝わり方の基本形態

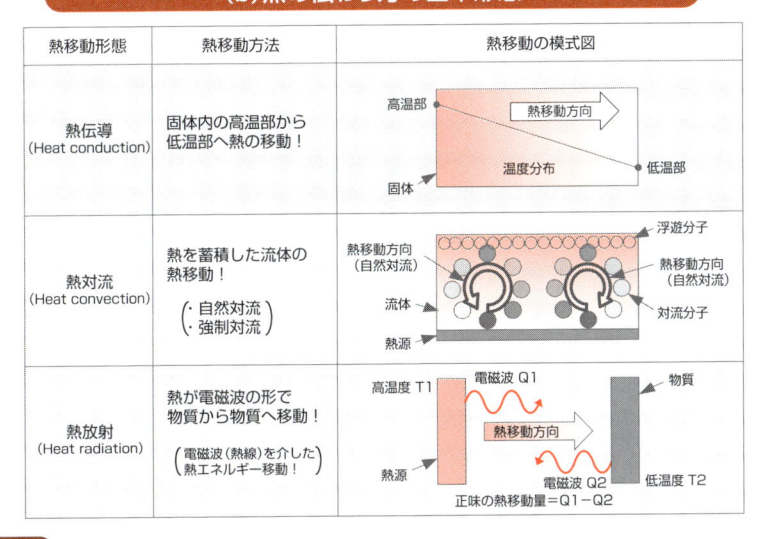

熱移動形態	熱移動方法	熱移動の模式図
熱伝導 (Heat conduction)	固体内の高温部から低温部へ熱の移動！	高温部→低温部、温度分布、熱移動方向、固体
熱対流 (Heat convection)	熱を蓄積した流体の熱移動！・自然対流・強制対流	浮遊分子、熱移動方向（自然対流）、流体、熱源、対流分子
熱放射 (Heat radiation)	熱が電磁波の形で物質から物質へ移動！（電磁波(熱線)を介した熱エネルギー移動！）	高温度 T1、電磁波 Q1、熱移動方向、物質、熱源、電磁波 Q2、低温度 T2、正味の熱移動量=Q1-Q2

用語解説

熱伝導率：物質内部の熱の伝わりやすさを示した値で、数値が大きい程、熱が伝わりやすく、単位は[W／mK]（ワット／メートル・ケルビン）で表します！

電磁波：電界と磁界との変化が波として空間を伝わっていくもので、特に、熱線は約0.8μm～1,000μmの波長をもった赤外線領域の電磁波です！

12 熱について知ろう！その2

建物の断熱性能はどう評価するの？

建物の断熱性能を評価するのに熱移動の三現象（熱伝導、熱対流、熱放射）を見てみましょう！

熱伝導は、壁体内部の熱移動現象で各建材固有の値を持ち、単位長[m]あたりの熱の伝わりやすさを表す"熱伝導率[W／mK]"で表します。"熱対流"や"熱放射"は、総称して"熱伝達"と呼ばれ、壁材と空気間のように異なる物質の接触面での熱移動現象で、単位面積[m²]あたりの熱の伝わりやすさを"熱伝達率[W／m²K]"で表します。壁材面は室内、外気側の両面で"熱伝達"が起こります。

建物の断熱性能は、熱伝導と熱伝達の二つの現象を用いて表されます。例えば、冬における壁材の熱移動を見てみましょう！ 室内が高温で外気が低温ですので、①室内の熱が"熱伝達"によって壁の室内側表面に伝わります。②壁の室内側表面に伝わった熱は、"熱伝導"によって壁材内部を通り、室外側表面へ向かって移動していきます。③熱伝導によって室

外側表面に達した熱は、再度、"熱伝達"によって壁の外側表面から外気へと放出されます。このように、室内の熱が壁材を介して外気に放出される熱移動過程（熱伝達→熱伝導→熱伝達）を"熱貫流"と呼びます（図a参照）。この、"熱貫流"で建物の断熱性能を表し、単位面積[m²]あたりの熱の伝わりやすさを"熱貫流率[W／m²K]"と呼び、建物の断熱性能を総合的に評価する指標になり、K値、U値とも呼ばれます。

この熱貫流率は、数値が小さい程、熱が漏れにくく断熱性能が良いことになります。

熱貫流の熱移動過程を見てみましょう！ 熱貫流率は、熱伝達率[W／m²K]＋熱伝導率[W／mK]＋熱伝達率[W／m²K]ですが、熱伝達率と熱伝導率の単位が異なりますので、熱貫流率を求めるには、単位を合わせるために熱伝導率を壁材の厚みで割って揃えます。これにより壁材が厚い程、値が小さくなるので断熱性能が向上することになります。

要点BOX

● 異なる物質間の熱移動を"熱伝達（熱対流＋熱放射）"と呼びます！ 建物の断熱性能は、熱伝導率と熱伝達率を合せた熱貫流率で表します！

(a) 建物の断熱性能は"熱貫流"で評価します！

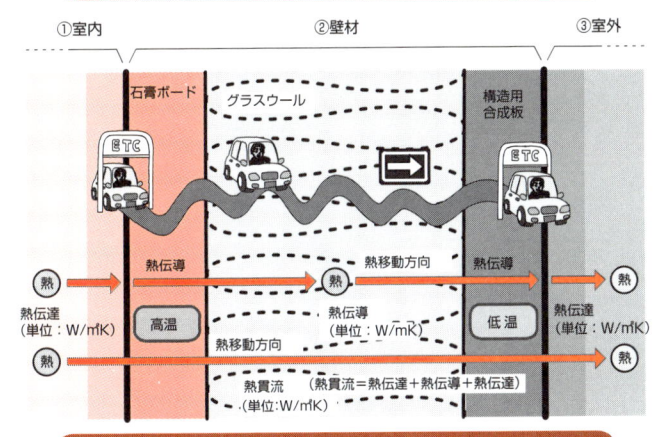

①室内　②壁材　③室外

石膏ボード／グラスウール／構造用合成板

熱伝達（単位：W/m²K）　熱伝導（単位：W/mK）　熱伝達（単位：W/m²K）

高温　熱移動方向　低温

熱貫流（熱貫流＝熱伝達＋熱伝導＋熱伝達）（単位：W/m²K）

(b) 建物の評価例（熱貫流率と熱抵抗率の関係）

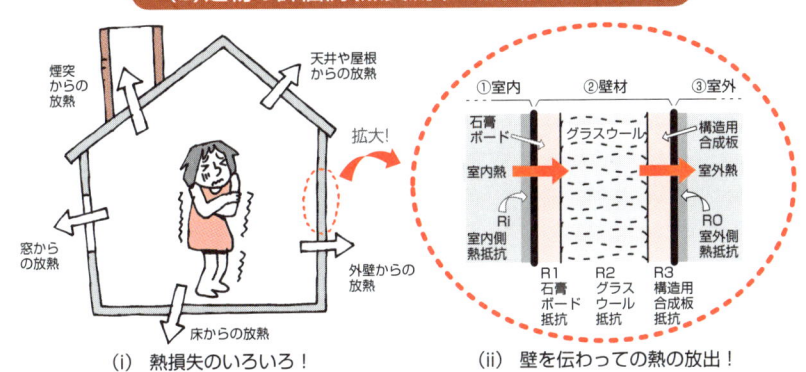

(i) 熱損失のいろいろ！

煙突からの放熱／天井や屋根からの放熱／窓からの放熱／外壁からの放熱／床からの放熱

(ii) 壁を伝わっての熱の放出！

①室内　②壁材　③室外

石膏ボード／グラスウール／構造用合成板

室内熱 → 室外熱

Ri 室内側熱抵抗　R1 石膏ボード抵抗　R2 グラスウール抵抗　R3 構造用合成板抵抗　RO 室外側熱抵抗

抵抗内容	厚み[m]	熱伝導率[W/mK]	熱抵抗値[m²K/W]	熱貫流率[W/m²K]
RO：室外側熱抵抗	―	―	0.040	―
R3：構造用合成板抵抗	0.009	0.160	0.056	―
R2：グラスウール抵抗	0.055	0.045	1.222	―
R1：石膏ボード抵抗	0.012	0.220	0.055	―
Ri：室内側熱抵抗	―	―	0.110	―
合計値			1.483	0.674

(注) 熱抵抗値、熱貫流率（KまたはU）の求める式：$熱抵抗値 = \dfrac{厚み}{熱伝導率}$、$熱貫流率（KまたはU） = \dfrac{1}{熱抵抗値}$

(iii) 材料の厚みと各熱抵抗値

用語解説

熱抵抗値：熱抵抗値とは、材料の熱の伝わりにくさを表す値です。ある材料の厚み[m]を材料の熱伝導率[W／mK]で割った値で、値が大きい程、熱が伝わりにくく、断熱性能が高いことになります。また、熱抵抗値の逆数が熱貫流率になります！

熱貫流率：熱貫流率とは、建物の断熱性能を表し、単位面積[m²]あたりの熱の伝わりやすさを示し、U値とか、K値と呼ばれます！　この値が小さい程、熱が漏れにくく断熱性能が良いことになります！　なお、壁材が厚い程、熱貫流率が小さくなりますので、断熱性能は向上します！

13 湿度について知ろう！

相対湿度と絶対湿度って？

私たちは、よく"冬は空気が乾燥する"とか、"夏は気温が高く、蒸し暑い"などと表現しますが、このように"乾燥する"とか、"蒸す"のは、湿度が関係しているからで、この湿度を正しく理解することが快適な日常生活や健康を維持するのに大切です。

私たちの身体からは、体温を最適に維持するために常に、表皮から熱を放射しています。この放射熱が空気中に漂っている水蒸気で抑制されるため気温の多少により"乾燥する"とか、"蒸す"と感じるのです。丁度、地球を取り巻く大気中の二酸化炭素(CO_2)濃度が高くなって地球熱を放出できなくなり、温暖化が起こっているのとよく似ています（図(a)参照）。

湿度は、空気中に含まれる水蒸気量を表しており、相対量と絶対量で表す場合があります。天気予報などで、"温度20℃、湿度60％"と表現しますが、この湿度を"相対湿度"と呼びます。"絶対湿度"は、単純に、空気1立方メートルあたり（または、1kgあたり）に含まれる水蒸気の質量をさし、単位は、相対湿度[％]、絶対湿度[g／m³]、あるいは、[g／kg]で表記します。

ここで、空気中に含まれる水蒸気量の最大量を"飽和水蒸気量"と呼び、温度が高くなる程大きくなります。相対湿度は、飽和水蒸気量と実際に含まれる水蒸気量との比を表しています。よって、同じ相対湿度でも温度が違えば絶対湿度は異なることになります。例えば、35℃で50％の場合、"蒸し暑く"感じますが、10℃の50％は、"快適"に感じます。これは、35℃の時の絶対湿度より10℃の時の絶対湿度の方が小さいので快適に感じるのです。さらに、温度が下がると絶対湿度も小さくなり、空気中に含まれる水蒸気量が極端に少なくなるため"乾燥する"と感じるのです（図(b)参照）。

このように、快適な生活空間を得るには空気中の水蒸気量を常に適度に保つことが重要になってきます。

要点BOX
- 湿度には、天気予報で使われる相対湿度[％]と空気中の水蒸気量を表す絶対湿度[g／m³]があります！

(a) 身体の周りに水蒸気が多いと蒸し暑く感じるのです！

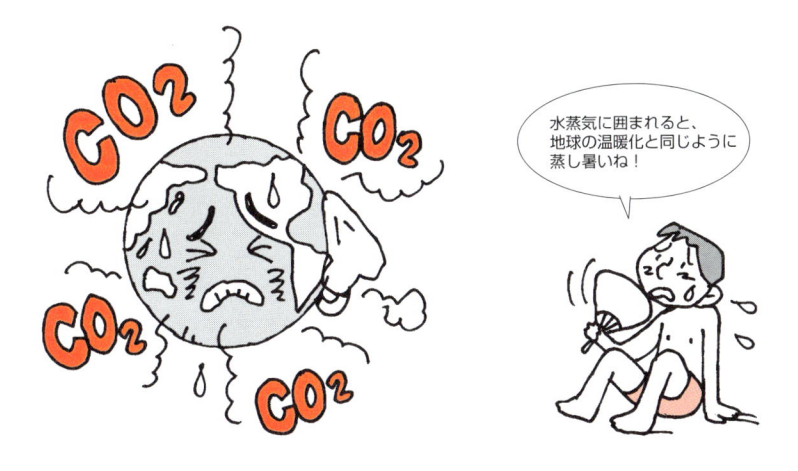

水蒸気に囲まれると、地球の温暖化と同じように蒸し暑いね！

(b) 湿度とは？

飽和水蒸気量は、1m³の空気中に含まれている水蒸気の質量 (g) で表します。空気は、水蒸気をいくらでも含めるわけでなく、気温によって限度があります。この水蒸気量の限度値を「飽和水蒸気量」と呼びます。

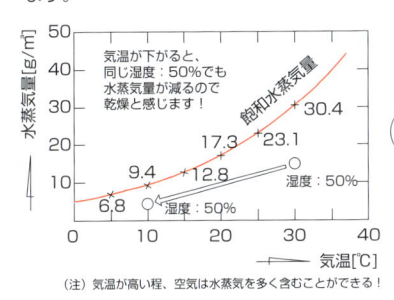

気温が下がると、同じ湿度：50％でも水蒸気量が減るので乾燥と感じます！

飽和水蒸気量
30.4
17.3 23.1
9.4 12.8
6.8   湿度：50％
湿度：50％

(注) 気温が高い程、空気は水蒸気を多く含むことができる！

温度：35℃
容器：10ℓ
水分：5ℓ
湿度：50％

温度：10℃
容器：3ℓ
水分：1.5ℓ
湿度：50％

(注) 絶対湿度とは、1m³の空気中に水分が何g含まれているかを示すもので、単位は (g/m³) で表します。

湿度が同じでも温度が下がると、狭く感じるのだ！冬、寒く乾燥するのだ！

(注) 温度が下がると、湿度が50％同じであっても空気 (金魚鉢) が凝縮していますので、水分は半分になり、人間にとっては乾燥して感じます！

(注) 相対湿度は、下記の式で求まります！

$$相対湿度 = \frac{水蒸気量 [g/m³]}{飽和水蒸気量 [g/m³]} \times 100 \ [\%]$$

(i) 飽和水蒸気量とは？　　(ii) 相対湿度とは？

用語解説

相対湿度 [%] (Relative Humidity)：空気中に含まれている水蒸気量と、その空気と同じ温度に於ける飽和水蒸気量との比（パーセント）で表されます！
絶対湿度 [g／m³] (Absolute Humidity)：1m³の空気中に含まれる水蒸気の質量 [g] です（温度および圧力により変化します）！
飽和水蒸気量 [g／m³] (amount of saturated water vapor)：空気中に含まれる水蒸気の限度量をさし、温度と圧力によって変化します！

14 夏の暑さと冬の寒さは何で起こるの？

放射エネルギーと気団の影響による夏と冬！

夏暑く冬寒いのは、気温が夏高く、冬低いからです。

この気温を支配しているのが太陽の放射エネルギーと日本列島を取り巻く気団なのです。

地球は、地軸が23・4°傾いて太陽を公転しています。この地軸の傾きにより日本の地表の傾きが太陽に対して、夏は垂直に近く（日差しが高くて強い）なります。冬は水平に近く（日差しが低くて弱い）なります。したがって、夏は太陽から受ける単位面積（㎡）あたりの放射エネルギー量が多くなり、日照時間が長くなるために気温が高くなるのです。逆に、冬は太陽から受ける放射エネルギー量が少なくなり、日照時間が短くなるために気温が低くなるのです（図(a)参照）。

次に、気団がどのように作用しているか見てみましょう！

日本列島周辺の大陸や海洋（太平洋、日本海）の表面は、前述したように夏と冬とでは、太陽の放射エネルギーの受光量が大きく異なります。つまり、夏はアジア大陸の気温が太平洋の気温より高くなるために気圧配置が東高西低（または、南高北低）となります。特に、日本列島付近の高気圧は小笠原気団と呼ばれ、この高気圧に日本列島が覆われますと上空の暖気が下降し、さらに地表を暖めるので暑さが増します。逆に、冬はアジア大陸の気温が太平洋の気温より低くなるために気圧配置が西高東低となります。特に、寒冷なシベリア気団が形成され、相対的に暖かい千島近海からアリューシャン列島南部にかけて気圧が低くなり、オホーツク海付近で温帯低気圧が発達します。このために、天気図でよく見られるように日本列島付近の等圧線がほぼ南北に走り、北西上空から強い寒気が吹き降りて日本海側に大雪を、太平洋側に乾いた寒気をもたらせ、日本列島全体を厳寒にします（図(b)参照）。

このように、日本の夏の暑さと冬の寒さは、地表が受ける太陽の放射エネルギー量の違いと日本列島を取り巻く周辺気団の影響を受けています。

要点BOX
●日本の暑さ寒さは、地表が受ける太陽の放射エネルギーと日本列島を取り巻く気団の配置が大きく影響しています！

(a) 夏と冬の太陽放射エネルギーの影響

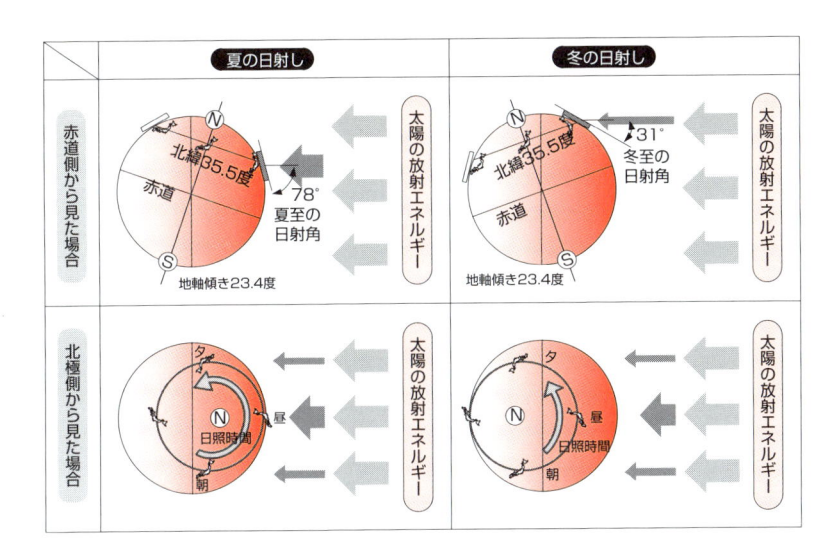

	夏の日射し	冬の日射し	
赤道側から見た場合	北緯35.5度／赤道／78°夏至の日射角／地軸傾き23.4度	北緯35.5度／31°冬至の日射角／赤道／地軸傾き23.4度	太陽の放射エネルギー
北極側から見た場合	夕／昼／朝／N／日照時間	夕／昼／朝／N／日照時間	太陽の放射エネルギー

(b) 夏と冬の天気図の特徴

夏の天気図一例（2012年7月26日）
高／低1004／低996／低1008／高1014／小笠原気団／2012年7月26日9時

冬の天気図一例（2011年12月5日）
高1042／シベリア気団／高1038／オホーツク海気団／低1006／低1008／2011年12月5日9時

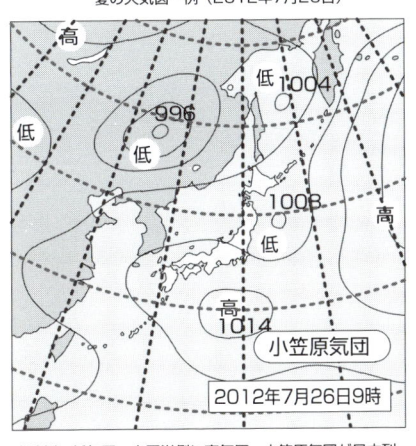

大陸側に低気圧、太平洋側に高気圧、小笠原気団が日本列島を覆っているのが特徴！

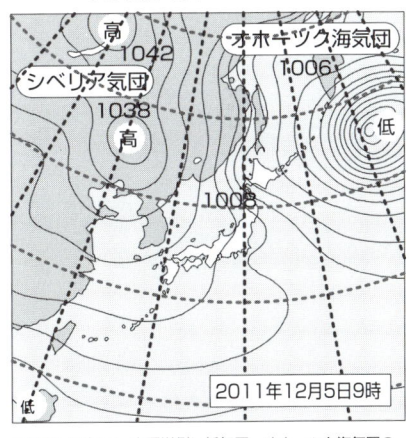

大陸側に高気圧、太平洋側に低気圧、オホーツク海気団の発生により南北に等圧線が走っているのが特徴！

出典：気象庁、「日々の天気図」を参考に筆者が作成

用語解説

気団：10項をご参照下さい！
日照時間 (actual sunshine duration)：日照時間とは、気象台やアメダスなど日照計により観測される陽が照った時間数のことです！

15 快適な室内の条件を知ろう！

私たちは、生活の大半を室内で過ごしていますので、室内を如何に快適な生活空間にするかが重要になってきます。一般に、人が快適に生活できる室内温度は20℃前後、また、室内温度と壁面（壁、天井、床、ガラス窓など）温度との温度差は5℃以上にならないように工夫することがポイントといわれています。しかし、日本には四季があり、年中、一定温度の訳にはいきません。特に、私たちが感じる「快適さや暑さ寒さ」は「体感温度」ですので、単に温度の高低だけではなく、室内湿度や壁面からの放射熱などを考慮しなければなりません。

室内において、快適と感じる温度と湿度はどのような条件なのでしょうか？一般家庭では、冬の温度17～22℃、湿度40～60％が快適と言われており、湿度40％以下になると風邪ウイルスが活動しやすくなり、さらに、10％以下になると温度を上げても暖かく感じにくくなります。一方、夏の温度23～28℃、湿度50％～65％が快適と言われており、湿度65％以上になると蒸し暑く、不快に感じるようになります。これは、身体を取り巻く水蒸気量が多くなり、体内の熱発散が妨げられるからです（図a参照）。

また、体感温度を室内温度と壁面温度との関係から見てみましょう！壁、天井、床、ガラス窓等のあらゆる内装材からは熱が放射されています。この放射熱に室内温度が影響を受け、影響を受けた温度を私たちは体感温度として感じています。例えば、平均壁面温度が5℃、室内温度が25℃とすると体感温度は均衡した15℃となり、室内温度より冷たく感じます。しかし、平均壁面温度が20℃であれば、室内温度が18℃であっても体感温度は19℃となり、室内温度以上に暖かく感じます（図(b)参照）。

このように、快適に生活するには温度と湿度のバランスが重要でこの条件を正しく知ることによって、より良い生活空間を造ることができるのです。

快適な条件は温度と湿度のバランス！

要点BOX
●快適な室内空間は、温度と湿度のバランスが重要で、室内温度と壁面温度との温度差が5℃以上にならないように工夫することです！

(a) 室内温度と室内湿度の快適条件の"めやす"は？

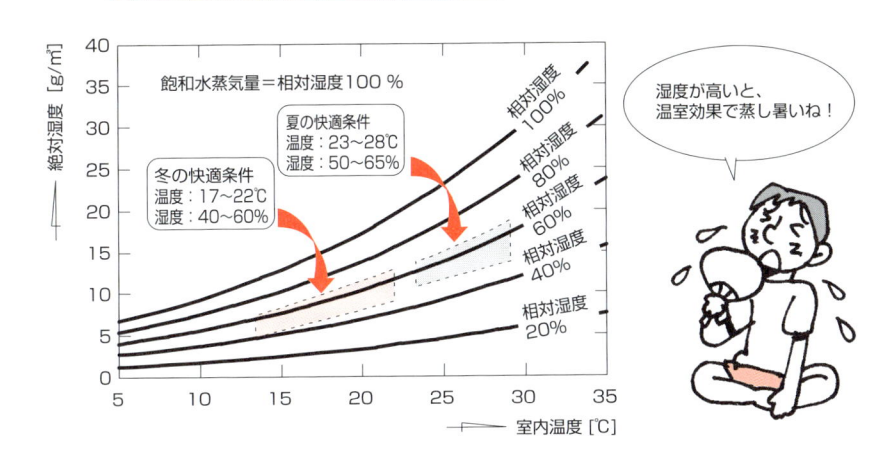

飽和水蒸気量＝相対湿度100 %

冬の快適条件
温度：17～22℃
湿度：40～60%

夏の快適条件
温度：23～28℃
湿度：50～65%

相対湿度100%
相対湿度80%
相対湿度60%
相対湿度40%
相対湿度20%

絶対湿度 [g/m³]
室内温度 [℃]

湿度が高いと、温室効果で蒸し暑いね！

(b) 体感温度は、室内温度と壁面温度の影響を受けます！

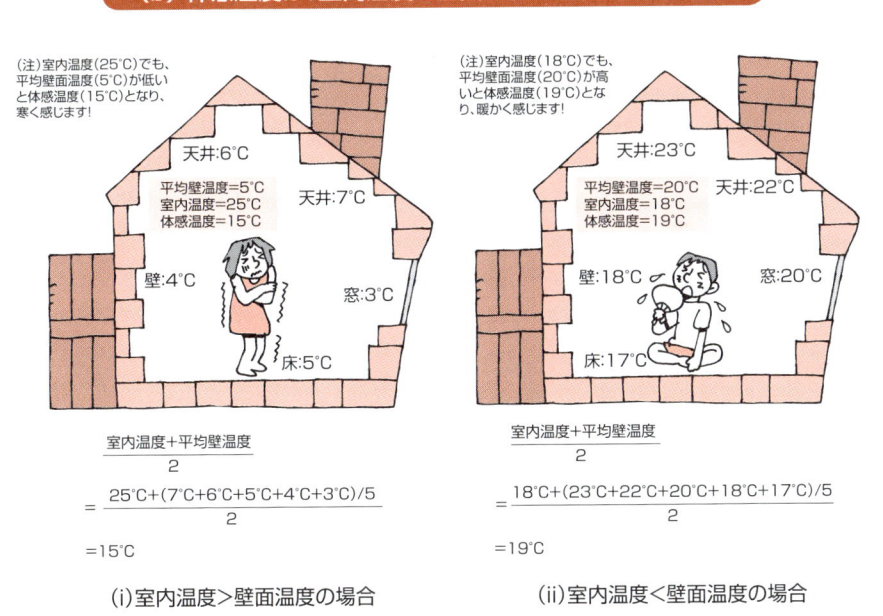

(注)室内温度(25℃)でも、平均壁面温度(5℃)が低いと体感温度(15℃)となり、寒く感じます！

天井：6℃
天井：7℃
平均壁温度＝5℃
室内温度＝25℃
体感温度＝15℃
壁：4℃
窓：3℃
床：5℃

$$\frac{室内温度+平均壁温度}{2}$$

$$=\frac{25℃+(7℃+6℃+5℃+4℃+3℃)/5}{2}$$

$$=15℃$$

(i) 室内温度＞壁面温度の場合

(注)室内温度(18℃)でも、平均壁面温度(20℃)が高いと体感温度(19℃)となり、暖かく感じます！

天井：23℃
天井：22℃
平均壁温度＝20℃
室内温度＝18℃
体感温度＝19℃
壁：18℃
窓：20℃
床：17℃

$$\frac{室内温度+平均壁温度}{2}$$

$$=\frac{18℃+(23℃+22℃+20℃+18℃+17℃)/5}{2}$$

$$=19℃$$

(ii) 室内温度＜壁面温度の場合

用語解説

体感温度：人が実際に肌で感じる温度で、実温度や湿度以外に気流や着衣の程度なども影響します！

●第1章　自然について知ろう！

16 ヒートアイランド現象とは？その1

なぜ熊谷は日本一、夏暑いの？

ヒートアイランド(heat island)とは、熱の島の意味で、熱汚染とも呼ばれ、舗装道路、ビル建物、空調機などからの人工熱、あるいは、自動車の排ガスなどによって都心と都市周辺地域の気温が高くなり、気温の分布が熱の島のようになる現象をさします（図(a)参照）。

例えば、道路舗装が進みますと太陽からの熱（赤外線）を吸収し、道路内部に熱を蓄えてしまいます。この熱は日中、大気を暖め、また、蓄えた熱を夜に持ち越して夜間の気温を高めます（図(b)参照）。

また、緑地や池のような水面などがなくなった地域では、水の蒸発散がなく、気化熱による地表面の冷却が進まなくなり（潜熱の上昇）、ビル建物などの人工建築物が増えると風の流れを妨げ、大気を冷却する作用が低下し、気温が上昇します。さらに、空調機の排気や自動車の排ガスなどによって大気を直接、熱して気温を上昇させてしまいます（顕熱の上昇）。

最近、話題になった日本一、夏の気温が高いところで有名な埼玉・熊谷市においては、上空の偏西風が山（秩父山地）を越えて下降し、圧縮された温度の高い風になって吹くフェーン現象とヒートアイランド現象が原因とされています（図(c)参照）。

このようなヒートアイランド現象が起こりますと、夏の気温が平年より上昇して住みにくくなります。この対策としては、①緑地化、②空調機などの電化製品の排熱（排気）の低減化、③自動車排ガスの低減化、④道路、人工建造物などの遮熱化などがあります。

これに似たものに、"地球温暖化（温室効果ガス）"があります。これは、地球規模の大気温度の上昇をさします。この原因は、人工的に造られる二酸化炭素の増大によるものですのでヒートアイランド現象と同じような対策とエコ意識が必要になります。

要点BOX
●ヒートアイランド現象は、舗装道路、ビル建物、空調機などの人工熱、あるいは、自動車の排ガス等によって気温が高くなる現象をさします。

(a) 関東地方における30℃を超えた延べ時間数の広がり(5年間の年間平均時間数)

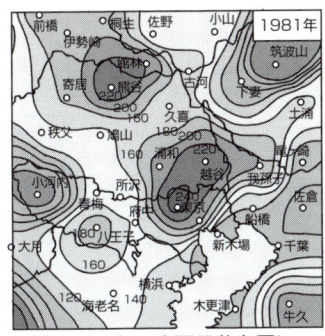

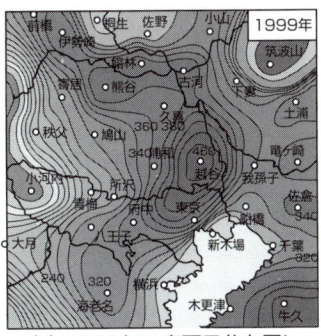

(i) 1981年の真夏日分布図!　　(ii) 1999年の真夏日分布図!

出典：環境省，"平成12年度ヒートアイランド現象の実態解析と対策のあり方について報告書(増補版)"，2001年

(b) 一般舗装道路とヒートアイランド現象対応の舗装道路

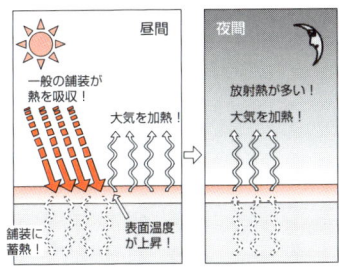

(i) 一般のアスファルト舗装道路　　(ii) 遮熱性の舗装をした道路

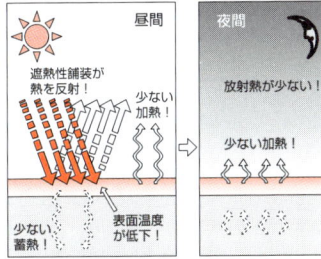

(c) ヒートアイランド現象による高温化!

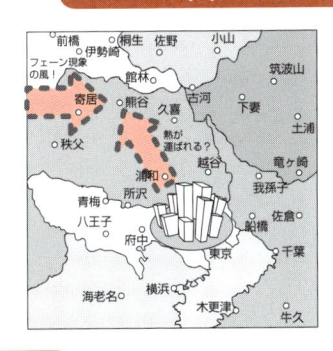

出典：熊谷市ホームページ，"夏の暑さ(あついぞ！　熊谷)"，2010-8、
http://www.city.kumagaya.lg.jp/kanko/meibutsu/atuizo.html

用語解説

潜熱：地面などに含まれていた水分等が大気中に蒸発する時、すなわち、物質の状態が水から水蒸気に変化(相変化)する時、水分は蒸発に必要な熱を地面等から奪い大気に放出します。この熱を"潜熱"と呼びます！

顕熱：太陽光により地面や建物等に熱が加えられて物質の相変化を伴わずに温度が上昇し、周囲の大気中に放出される熱や空調機、自動車等から排出される熱を"顕熱"と呼びます！

●第1章　自然について知ろう!

17 ヒートアイランド現象とは？その2

ヒートアイランド現象の対策はあるの？

ヒートアイランド(heat island)現象(16項参照)は、人工の建造物、土地の開発利用、自動車の排ガス(排気)などがもたらした結果ですので対策はいろいろ考えられます。

この内、緑地化に対しては植樹することや屋上緑化庭園化(46項参照)などが考えられます。また、空調機などの電化製品の排熱(排気)については、電化製品の改良による消費電力の低減化などを取り入れることと思われます。

自動車の排ガス(排気)低減化は、すでにメーカーによって技術開発がなされていますが、道路そのものに排気ガス低減化の対策を行う提案がなされています。例えば、光触媒とカルシウムを含むセメントを利用した舗装道路にしますと、光触媒の酸化作用とカルシウムにより窒化酸化物を硝酸カルシウムへ変化させ、これを道路に付着させて雨水で硝酸イオンとカルシウムイオンを洗い流して大気の温度上昇を抑える方法です(図(a)参照)。

これに顔料遮熱材を入れますと太陽の光(赤外線)を反射させますので道路内部への熱吸収が少なく蓄える熱も少ないために昼間の温度上昇が抑えられ、また、夜間での気温上昇も低く抑えることができます(図(b)参照)。

この太陽光を反射させ、道路への蓄熱を抑える方法、顔料遮熱材を舗装道路に入れる方法としては、塗布する方法、顔料パウダーを充填する方法等があり、対策効果がかなりあると報告されています(図(c)参照)。

要点BOX
●ヒートアイランド現象の対策は、緑地化、電化製品の消費電力の低減化、自動車排ガスの低減化などです。

(a) 自動車排ガス対応の舗装道路

窒化酸化物NO、NO$_2$を排出！

（注）光触媒とカルシウムにより排ガスを硝酸カルシウムに変化させ、雨水で流す！

出典：(株)フジタ、"排気ガス洗浄とヒートアイランド現象の緩和機能を併せ持つ舗装「表面温度低減型」のフォトロード工法、外構道路に初適用"、2007年1月、www.fujita.co.jp/information/news/2006/2007_0126npr.html

(b) 遮熱作用をもつ舗装道路

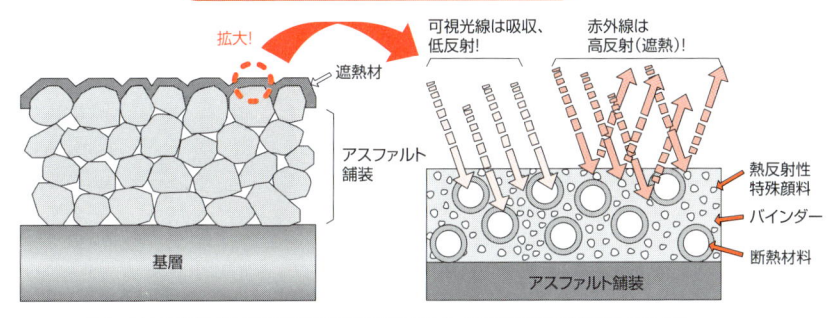

拡大
遮熱材
アスファルト舗装
基層

可視光線は吸収、低反射！
赤外線は高反射(遮熱)！

熱反射性特殊顔料
バインダー
断熱材料
アスファルト舗装

出典：国土交通省、"NETIS 新技術情報提供システム、新技術概要説明情報"、2004年

(c) 遮熱作用をもつ舗装道路の反射率特性

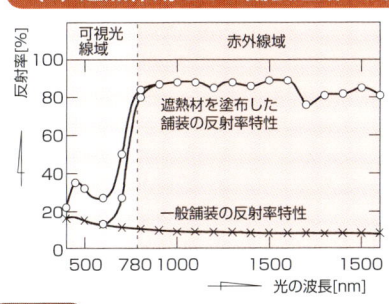

可視光線域　赤外線域
反射率[%]
遮熱材を塗布した舗装の反射率特性
一般舗装の反射率特性
光の波長[nm]

出典：国土交通省、"NETIS新技術情報提供システム、新技術概要説明情報"、2004年

用語解説

バインダー：道路におけるバインダーは接着剤、つまり、物と物を接着する物質をさします！
可視光線：電磁波の内、人間の目で見える波長（360〜780 nm）の光をさします。
赤外線：赤色よりも波長が長く、ミリ波長の電波よりも短い電磁波（780 nm以上）をさします。中でも遠赤外線（熱線）は、物体に熱を与える効果があります。

18 エルニーニョ、ラニーニャ現象による異常気象とは？

日本のハウスに与える影響とは？

赤道近くの太平洋上において、温められた海水は周囲から熱を奪いながら蒸発し（気化熱）、熱エネルギー（凝結熱）を出して大気を温めます。温められた大気は上昇し、上空で赤道から離れ、亜熱帯地域へ移動して降下します。また、亜熱帯地域の地表（海面）で冷やされた大気は赤道へ戻ってきます。これを"ハドレー循環"と呼びます。さらに、赤道近くの太平洋上においては、東から西へと大気の流れ（貿易風）があります。これを"ウォーカー循環"と呼びます（図(a)参照）。

この貿易風によって東側のペルー沖の温められた海水は、西側のインドネシア付近に集められ、積乱雲を発生させて雨を降らせます。一方、温められた海水の跡にはペルー沖の深海の冷水が湧き上がってきます。つまり、赤道近くの太平洋上においては、東西における海水の温度に大きな差が生じます（図(b)(i)参照）。

この東西における海水の温度差が小さくなると貿易風が弱くなり、インドネシア付近の暖かい海水が東側へ広がり、ペルー沖の冷水の湧き上がりを抑え、海水の温度が高くなります。また、積乱雲も東側へ移動します。これを"エルニーニョ現象"と呼びます（図(b)(ii)参照）。この現象が起こると世界各地の雨、雪の降る量、気温、気圧配置などがいつもの状態と異なってきて異常気象をもたらします。この現象時の日本では、冷夏、暖冬になりやすくなります。

この現象の逆が"ラニーニャ現象"と呼ばれ（図(b)(iii)参照）、貿易風が強くなり、ペルー沖の海水の温度がいつもより低くなり、世界各地に異常気象をもたらします。

このエルニーニョ、ラニーニャ現象は、日本のハウスに影響を与えますのでハウス設計時には、これら現象発生への対応が求められます。

要点BOX
●赤道近くの太平洋上において、貿易風の強弱により東西における海水の温度差が生じ、"エルニーニョ現象"や"ラニーニャ現象"が発生します。

(a) 太平洋熱帯地域の大気の流れ！

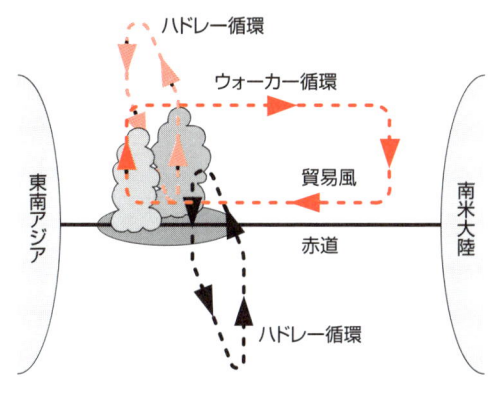

(b) 平年、エルニーニョ現象時、ラニーニャ現象時の赤道付近の海水状態

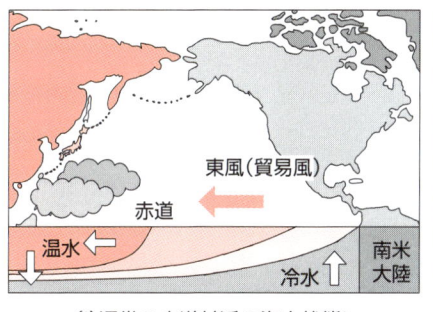

(i) 通常の赤道付近の海水状態！

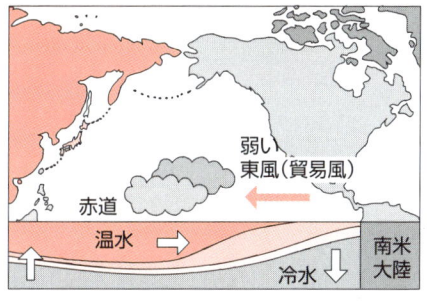

(ii) エルニーニョ現象時の海水状態！

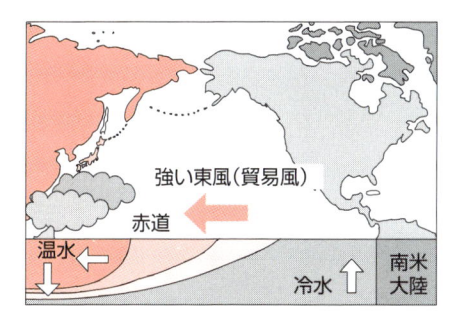

(iii) ラニーニャ現象時の海水状態！

用語解説

エルニーニョ：エルニーニョ現象はペルー沿岸で毎年、クリスマス頃に発生するので"神の子（キリスト：男の子）"と名付けられました！

ラニーニャ：エルニーニョ現象の逆の現象なので"女の子"の意味として名付けられました！

Column ❶

放射冷却ってどんな現象？
（放射冷却を利用した非電荷冷蔵庫！）

朝起きたら庭に霜柱が出来ていた！これは、放射冷却と地中の水の毛細管現象とによって起こる光景です。

地球は昼間、太陽光からの光エネルギーを受けて暖まり、夜間、太陽光がないので地面に蓄積した暖気が大気へ放射されて地表面の温度が下がります。例えば、夜間地上1～3m付近の温度が+4℃とすると地表面では0℃になります。地表面の作物は、葉面からの放熱があるために葉面の温度がマイナス2℃位に低下します。この作物に"わら"などを被いますと葉面からの放熱を防ぐことができ、また、地中熱のために葉面温度がプラス3℃位になります（図(a)参照）。このように昼間、地表を暖めた熱が夜間大気へ放射し、地表温度を下げる現象を"放射冷却"と呼びます。

この現象は、夜間に雲があると地表の放射熱が雲に吸収され、吸収された熱が再び放射されて地表に戻りますので地表温度の低下が少なくなり、冷え込みがほとんどありません。一方、夜間に雲がありませんと地表の放射熱が大気へ放射され、地表の温度が低下し、冷え込みが激しくなります（図(b)参照）。この放射冷却を利用したものに"非電荷冷蔵庫"があります（参考文献(20)参照）！

(a) 放射冷却の一例（模式図）

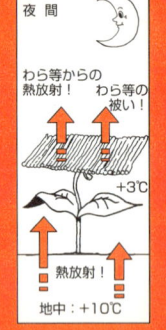

夜間	夜間	夜間
地上：+4℃		わら等からの熱放射！ わら等の被い！
地表面からの熱放射！	葉面からの熱放射！	
	-2℃	+3℃
熱放射！	熱放射！	熱放射！
0℃		
地中：+10℃	地中：+10℃	地中：+10℃
(i) 作物なし	(ii) 作物あり	(iii) 作物あり +わら被い

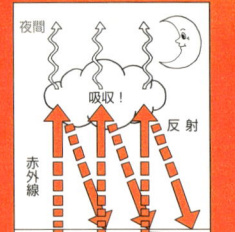

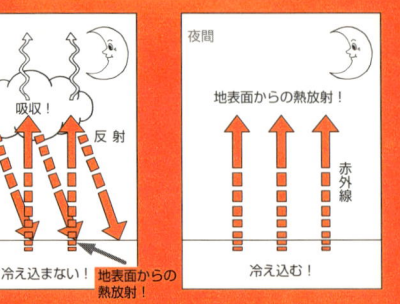

(b) 放射冷却（模式図）

夜間	夜間
吸収！ 反射	地表面からの熱放射！
赤外線	赤外線
冷え込まない！ 地表面からの熱放射！	冷え込む！
(i) 雲がある時の放射冷却	(ii) 雲がない時の放射冷却

第2章
先人のハウスについて学ぼう！

● 第2章　先人のハウスについて学ぼう！

19 チセ（アイヌハウス）に見るエコハウスとは！

アイヌの知恵、暖房の工夫！

チセは、アイヌ語でチ（私たちの）セッ（寝床）という意味で12世紀頃、それまでの竪穴式住居から地面を床とする掘立柱建物へと移行し、明治初期まで実用されてきたアイヌの伝統的な住居です。

チセは、使われる材料が、その地域で入手しやすい植物を使います。構造は、簡素で長方形の一部屋が母屋になり、広さ約5.4m×7.2mを"ポロチセ"、広さ約3.6m×5.4mを"ポンチセ"と称します。

このチセは、部屋の中央部になる囲炉裏の位置を決め、次に、敷地の周りに上部がV字に削った柱を立て、その上に桁を載せ、さらに梁を渡して骨格を造ります。床は地面にアシを敷き、その上にガマで織った敷物を敷きます。母屋の出入口には玄関、物置、作業場を兼ねた前室（セム）を設けます。壁や屋根は、ササやヨシの葉を外側に、茎を室内側に向けて約20cmの厚さに重ねて覆います。部屋の奥面に一つの窓（神窓）、側面に二つの窓が設けられますが、冬には壁材と同じササやヨシで閉鎖されます（図ⓐ参照）。チセは質素な造りですが、夏は茎間から空気が出入して自然換気されるために涼しく、冬は葉の上に雪が厚く積もり、氷点下の外気を遮断して暖かくなります。特に、冬に備えて囲炉裏の火を一年中絶やさず燃やし続けることによって住居周辺の地中が暖まり、地中熱（夏場の太陽熱）と相乗効果で厳寒の冬場でも床温度を数℃に保つことができます。地下温度は、深くなるほど外気温度の変化の影響を受けにくく、深さ5mでは、温度の変化幅が北海道では10℃前後と安定します（図ⓑ参照）。さらに、囲炉裏の熱が屋根や壁に伝熱し、その輻射熱で体感温度が室温よりも暖かく感じられます。

このように、チセに対するアイヌの工夫は、現在のエコハウスに通じる"地中熱利用"、"外断熱"、"輻射暖房"などのしくみが取り入れられています。

要点BOX
● チセは、アイヌの伝統的な住居で、現在のエコハウスに通じる"地中熱利用"、"外断熱"、"輻射暖房"等の仕組みが取り入れられています！

(a) チセの地中熱利用、外断熱、輻射暖房の構造とは？

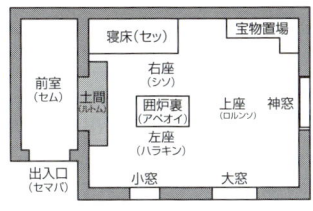

(i) チセの平面図

(ii) 地中熱利用、外断熱、輻射暖房の概念図

(iii) チセの構成図

出典：西村昌実（イラストレーター：札幌在住）、"アイヌの住居「チセ」構造図"より引用

(b) 北海道・札幌における年間の温度変化

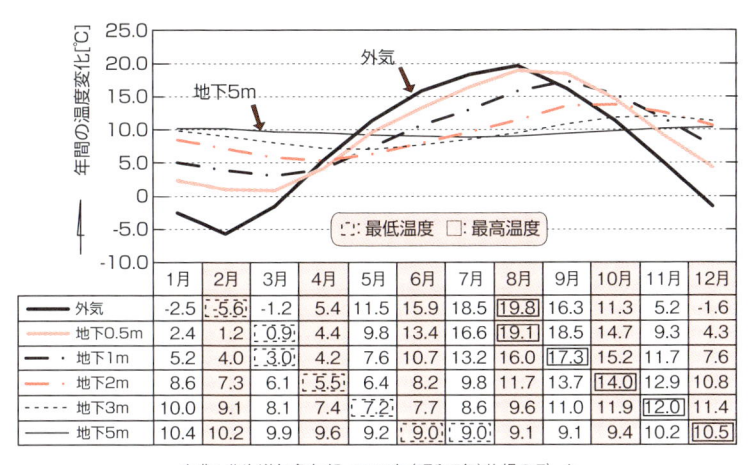

☐:最低温度 ☐:最高温度

	1月	2月	3月	4月	5月	6月	7月	8月	9月	10月	11月	12月
外気	-2.5	-5.6	-1.2	5.4	11.5	15.9	18.5	19.8	16.3	11.3	5.2	-1.6
地下0.5m	2.4	1.2	0.9	4.4	9.8	13.4	16.6	19.1	18.5	14.7	9.3	4.3
地下1m	5.2	4.0	3.0	4.2	7.6	10.7	13.2	16.0	17.3	15.2	11.7	7.6
地下2m	8.6	7.3	6.1	5.5	6.4	8.2	9.8	11.7	13.7	14.0	12.9	10.8
地下3m	10.0	9.1	8.1	7.4	7.2	7.7	8.6	9.6	11.0	11.9	12.0	11.4
地下5m	10.4	10.2	9.9	9.6	9.2	9.0	9.0	9.1	9.1	9.4	10.2	10.5

出典：北海道気象年報、1932年（昭和7年）札幌のデータ

用語解説

ガマ：北海道の水辺に生える多年草で、ガマの葉はアイヌ民族の伝統的なゴザ（アイヌ語：キナ）や儀礼用の織物（アイヌ語：カムイノミチタルペ）を編む材料になります！

地中熱利用：地中に蓄熱された太陽熱を"夏涼しく"、"冬暖かく"の冷暖房に利用する方式です！

外断熱：外気の温度を遮断し、室内に影響を及ぼさないようにすることです！(51～53項参照)

輻射暖房：温められた壁や床の熱によって暖められる効果をさします！

● 第2章　先人のハウスについて学ぼう！

20 正倉院・正倉にみる校倉造りとは？

高気密高断熱の工夫！

正倉とは、奈良・平安時代の官衙（官庁）や寺院などに設けられた施設で、穀物や財物を保管する倉庫のことです。これらの正倉の集まった一画を正倉院と呼び、特に、奈良時代（756年頃）に建てられた東大寺正倉院内の正倉一棟だけが宝物庫として約1250年以上たった今日まで残っています。

正倉は、ヒノキ造り本瓦葺高床式の校倉建築という特殊な構造をしています。1階部分は間口33・1m、奥行9・4m、高さ2・7mの柱だけの空間で、この柱は直径約60㎝と太く、間口10本、奥行4列の計40本が礎石の上に立てられています。2階部分は、独立した入口を持つ南倉・中倉・北倉の三つの倉に分かれ、南・北倉の壁体は六角形のあぜ木（校木）を組み立てた校倉造り、中倉の壁体は平板を並べて造る板倉造りになっています。最上部に庇の長い寄棟造りの板倉造りの屋根が置かれています。特に、湿気や夏の日差しから守るために高床式によって床下の通風をよくし、さらに、六角形の校木を組んで壁体にし、また、長い庇の屋根にすることによって風雨や外気の影響を倉内に及ぼさないように工夫がなされています（図(a)参照、参考文献(15)参照）。

この校倉造りは以前、空気の乾湿による木材の収縮で校木間の隙間具合により通気し、倉内の湿度調節がなされていると考えられてきました。近年の調査では、外気と内気を遮断し、木材が水分を吸放出する作用によって倉内の湿度調節を行っていることが正しい見解とされています。特に、六角形のヒノキを使うことによって校木間の密着性が向上し、雨滴の流入防止、外光、外気を遮断するなど高気密・高断熱化が実現されています（図(b)参照）。また、ヒノキの抗菌作用によってカビや害虫を防ぐ効果があり、保管される収蔵物を守ってきています。

このように正倉院・正倉は、エコな倉庫として収蔵物の保存に大きな役割を果たしてきています。

要点BOX
● 正倉は、ヒノキ造り本瓦葺高床式の校倉（あぜくら）構造で、約1250年以上にわたってカビや害虫を防ぎ、収蔵物を守ってきています！

(a) 正倉院　正倉の構造概要

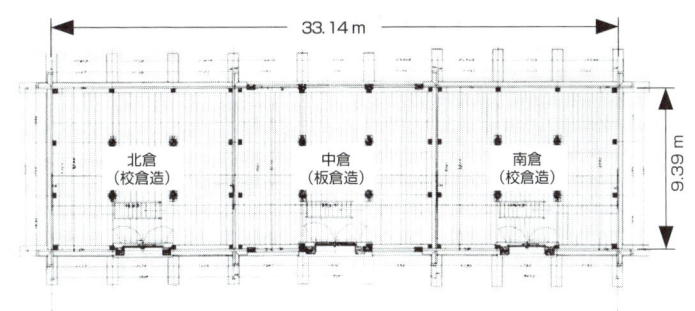

33.14 m
9.39 m

北倉（校倉造）　中倉（板倉造）　南倉（校倉造）

（建物高さ：13.93 m）

(i) 正倉の平面図

屋根（寄棟造）

(ii) 正倉の正面写真

(b) 正倉院　正倉の校木（あぜき）の形状と働き！

(i) 校木（あぜき）組手の写真

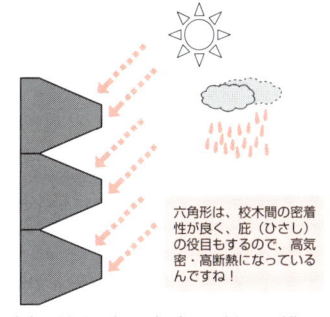

(ii) 校木（あぜき）の断面と働き！

六角形は、校木間の密着性が良く、庇（ひさし）の役目もするので、高気密・高断熱になっているんですね！

用語解説

校倉（あぜくら）造り：外壁を校木（あぜき）と呼ばれる横木で構成された倉のことです！
板倉造り：外壁を平板の横木で構成された倉のことです！
寄棟（よせむね）造り：屋根形式の一つで、4方向に傾斜する面をもつ屋根のことです！

● 第2章　先人のハウスについて学ぼう！

21 ゲル(パオ)の家は涼しく、暖かいの？

モンゴルの移動式家・ゲル(パオ)！

ゲルとは、モンゴル国において呼ばれる"家"のことですが、一部では"パオ(包)"と呼ばれています。

モンゴル国の気候は、大陸性で年間の降雨量が200mmと乾燥しており、気温は夏、日中プラス20℃になることもありますが、冬、マイナス40℃と年間の平均気温が零下という厳しい土地柄です。主要産業は牧畜になり、乳加工製品、皮革製品、織物などですが、地下資源も豊富な国で近年、油田開発で話題になっています。

このような土地で遊牧生活が主体のために家は、移動のできる車に載せた家でしたが(図a参照)、それが変化してテント型の家、つまり、ゲル(パオ)になったものと考えられています。

ゲル(パオ)は、2本の中心柱、屋根棒、天窓、壁、床、扉を組み立て、屋根、壁には羊で作ったフェルトと布を用いて覆い、天窓にはウルフと呼ばれる覆い布をかけてできており、簡単に分解、組立ができるエコハウスです(図b・c参照)。

冬、マイナス0℃前後と厳しい寒さですので外側の覆いは、二～三重にして冷たい空気を防ぎ、覆いの裾には"バヤーブチ"と呼ばれる覆いをつけて「すきま風」の流入を防いでいます。また床には、断熱材として乾燥した家畜のフンを敷き詰め、地面の冷気の伝わり方をしにくくしています。暖房は、中央のストーブ(ゾーホ)で行いますが、その燃料は家畜のフンで、そのストーブの熱を食事等の調理用として利用します。

また夏、暑い時には壁際のフェルトの裾をめくって風を通し、空気の入れ換えには天窓のウルフを開いて行います。

このように、大陸性気候に合うゲル(パオ)は夏涼しく、冬暖かいエコハウスなのです。

要点BOX
●ゲル(パオ)は、柱、屋根棒、天窓、壁、床、扉からなり、屋根、壁にはフェルト、天窓にはウルフで覆い、分解組立が可能なエコハウスです！

(a) 移動できる車上のゲル（パオ）

(b) 上面からみたゲル（パオ）内部

上座（ホイモル）　北
煙突
ストーブ（ゾーホ）
西　　　　　　　　東
男の座（含客）　女の座（含子供）
台所
扉（ハーラガ）　南

出典：N.ツルテム監修、"―モンゴルの美術3―、モンゴル曼荼羅3（寺院建築）"、pp.1-7、1990年2月

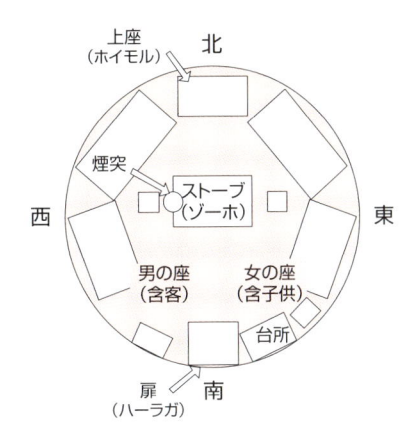

(c) 正面（南側）からみたゲル（パオ）内部

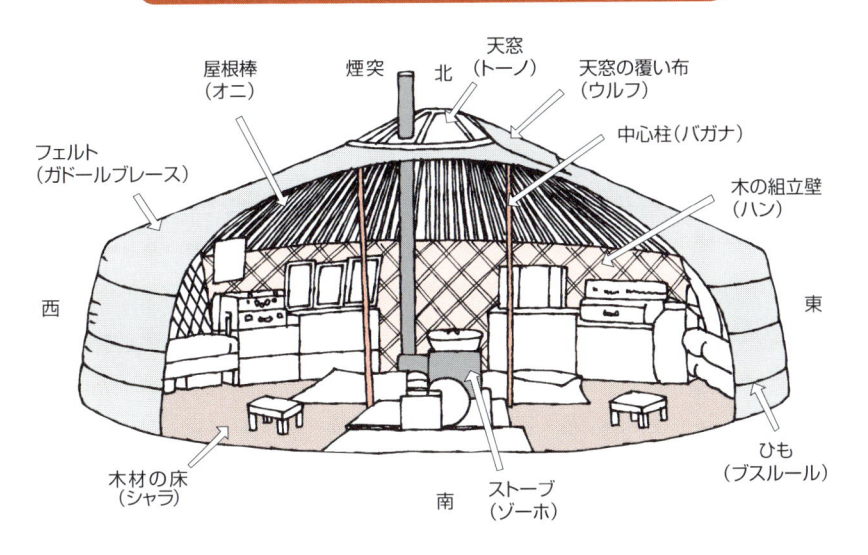

屋根棒（オニ）　煙突　北　天窓（トーノ）　天窓の覆い布（ウルフ）
フェルト（ガドールブレース）　　　　　中心柱（バガナ）
木の組立壁（ハン）
西　　　　　　　　　　　　　　　　　東
木材の床（シャラ）　南　ストーブ（ゾーホ）　ひも（ブスルール）

用語解説

ゲル（パオ）の建築用語：トーノ＝円形の天窓を作る木材、オニ＝柳で出来ている屋根を作る芯材料、ハン＝柳でできている壁の芯材料（ジャバラ）、ハーラガ＝木材からなる扉、バガナ＝屋根を支える柱、シャラ＝木材による床、ガドールブレース＝ハンを覆うフェルト、ウルフ＝天窓を覆う布、ブスルール＝ゲルを縛るひも！

22 オンドルハウスはエコ暖房の家なの？

オンドル暖房利用の温かい家！

朝鮮半島はアジア大陸の東の端にあり、南の海岸線地域は日本と同じように四季があり、温暖性気候ですが、内陸は大陸性気候になり、特に、亜寒帯気候に属する地域は平均気温がマイナス10℃前後～プラス10℃前後と寒暖の差が激しい地域です。このような寒い地域では、暖房装置はかかせない生活必需品であり、昔よりオンドル（温突）と呼ばれる暖房装置を利用した住宅が朝鮮半島の暮らしに大きく貢献してきています（図(a)参照）。

このオンドルのたき口（かまど）で火を焚くと、その煙が煙道を通って部屋を暖め、たき口（かまど）の反対側にある煙突から煙を排出するしくみです。室内は、オンドルのたき口（かまど）に近い所が家族座（入口座）、遠い所が客座（奥座）と呼ばれていますが、冬の寒い時、身分の高い方や客人には暖かい家族座（入口座）を勧めているようです（図(c)参照、および、用語解説参照）。

用いる燃料は松などの"まき"が主でしたが、炭や練炭なども使われ、現在では、ガスや電気などで水を温めて床下のパイプに流して行う温水式オンドルに進化してきています。

このように伝統的なオンドルは、たき口（かまど）で火を焚くことによって調理用と暖房用とを兼ねていますので、エコハウス原点のような暖房装置なのです。

伝統的なオンドルは、床下に石を並べ、たき口（かまど）で火を焚いた煙を通す道（"煙道"、中国・東北地域では"火炕"）を造り、その先に煙突をつけ、たき口（かまど）の熱を床下へ導いて部屋を暖めるようになっている暖房装置です。オンドルのある部屋の床には、薄い板石を載せ、その上に泥や牛フン等を塗り、松脂（マツヤニ）などを塗った紙（油紙）を張り詰めた構造です（図(b)参照）。

要点BOX
●オンドルは、床下に石を並べ、たき口（かまど）で火を焚いた煙を通す道（煙道）を造り、たき口（かまど）の熱を床下へ導いて部屋を暖めます！

オンドルハウスはエコ暖房の家なの？

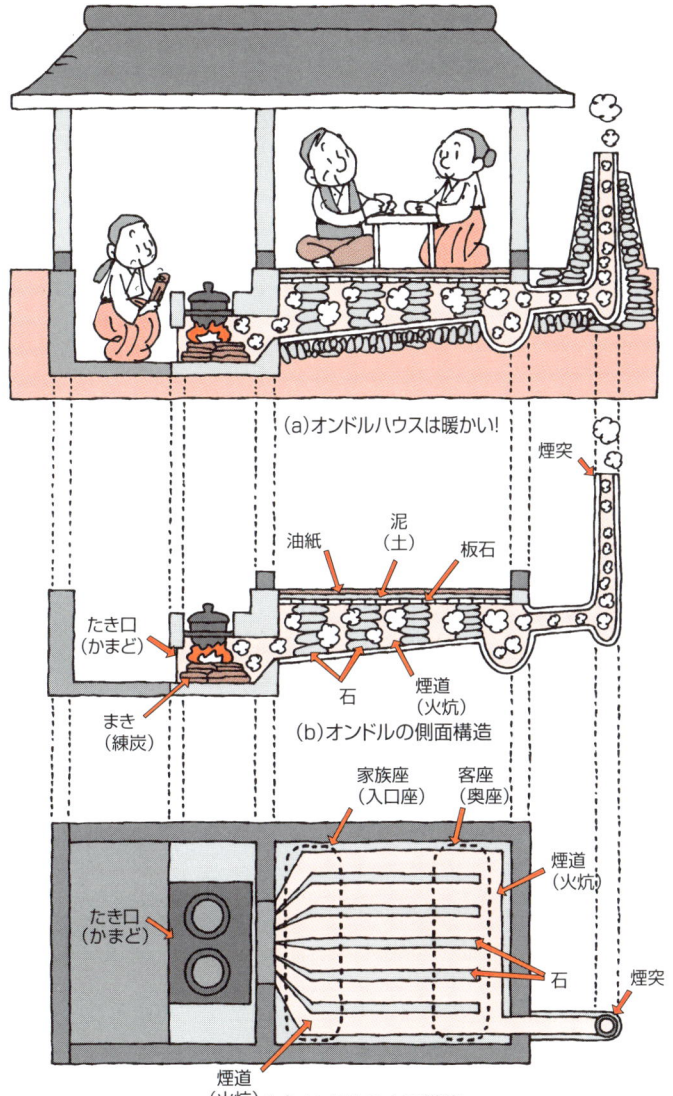

(a)オンドルハウスは暖かい！

(b)オンドルの側面構造

油紙 / 泥（土） / 板石 / たき口（かまど） / まき（練炭） / 石 / 煙道（火炕） / 煙突

(c)オンドルの上面構造

家族座（入口座） / 客座（奥座） / 煙道（火炕） / 石 / たき口（かまど） / 煙突 / 煙道（火炕）

出典：伊藤亜人ほか監修、"[新訂増補]朝鮮を知る事典"、p.29、1986年3月

用語解説

オンドル："温突"と表記しますが、韓国では"ホワガンガ"と呼ぶようです！　また、中国・東北地域では"火炕"と表記しますが、韓国では用いないようです。なお、炕は"かわかす"、"乾く"の意味があります。
客座、家族座：座敷内の配置は奥から上座、下座と呼ばれているようですが、ここでは、客座（奥座）、家族座（入口座）と呼ぶことにしました！

●第2章　先人のハウスについて学ぼう！

23 タイにみる高床式ハウスは涼しいの？

南国にみる高床式エコハウス！

タイやインドネシアなど東南アジアは、熱帯多雨気候で乾季と雨季があり、雨季には数百mm（バンコク：350mm前後、北スマトラ：250mm前後、南セレベス島：700mm前後）と多量の雨が降り、気温が＋25〜＋35℃前後と熱帯特有の気候です。産業は主に農耕業ですが、最近は急激に電子機械産業等が伸びている国々です。

このような気候ですので、湿気、洪水、蚊などの害虫から生活を護るために家の床を地面から持ち上げた木造の"高床式ハウス"が人々の住居になっています（図(a)(i)参照）。この高床式ハウスは、居住性を高める他に床下においては、家畜の飼育や農作業など日常生活の多目的な空間として用いられます。また、稲作等の食糧倉として"高床式倉庫"が利用されております。ネズミ返しの付いた高床式倉庫もあります。この高床式倉庫が日本の東大寺・正倉院の校倉造りにつながっているものと考えられています（20項参照）。

タイの代表的な高床式ハウスを見てみますと、南側は日射しが強いために寝室が配置され、日射しが弱い北側に出入口（勝手口）、そして、物干し場、作業場、水瓶置き場等に利用される日本のあがり間（板の間）にあたる"チャーン"、そのチャーンより20〜40cm高い床が"ラビアン"と呼ばれる日常生活場（居間）の部屋があり、その奥に寝室がある構造です（図(a)(ii)参照）。

また屋根は、日射しを和らげるためにイネ科の植物やヤシの葉など自然材で葺いていますが、最近は葺き替え費用等からトタン屋根へ、また、コンクリートやレンガを用いた高床式ハウスへ変わりつつあります。

この高床式ハウスは、地上よりも高い所が居住部屋になりますので床下からの風や窓からの風により熱帯多雨の高い気温に対して涼しいという特徴があります。また、高床式ハウスを川（チャオプラヤ川）の上に建てた水上ハウスもあり、自然を生かしたエコハウスと言えるでしょう（図(b)参照）！

要点BOX
●東南アジアは、熱帯多雨気候で乾季と雨季があり、湿気、洪水、蚊等の害虫から生活を護るために床を上げた"高床式ハウス"になっています！

(a) 高床式ハウス

(i) 断面図

南　北

(ii) 平面図

南　　　　　　　　　　　　　　　北

玄関　寝室

寝室　ラビアン　チャーン（屋根のない屋外空間）

出入口（勝手口）

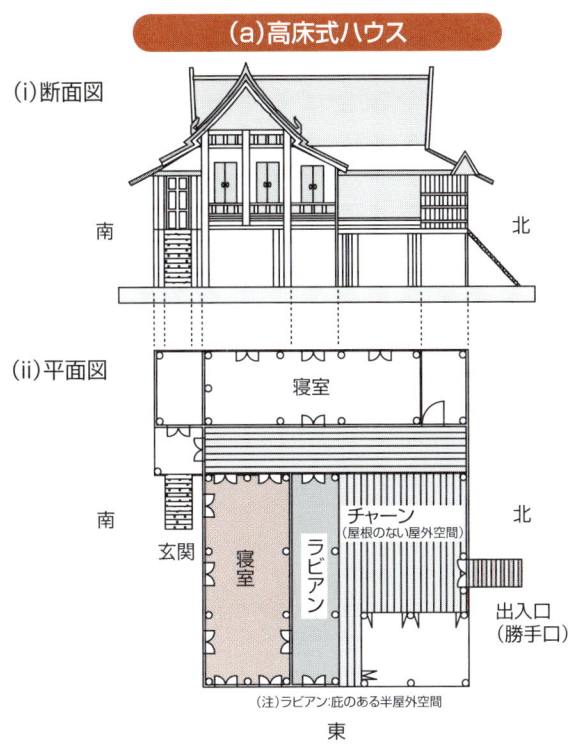

(注) ラビアン: 庇のある半屋外空間

東

出典: 岩城考信、"バンコクの高床式住宅"、(株)風響社、pp.9-13、2008年11月

(b) タイ・バンコク（チャオプラヤ川）水辺の水上家屋（著者撮影）

用語解説

熱帯多雨気候: 熱帯における固有の気候で一年中、高温で、気温の年変化は余りありませんが、昼夜の気温差が大きく、雨量が多い気候です！

チャオプラヤ川: タイ最大級の河川で延長約370km、メナム川とも呼ばれ、北部のナコンサワン県でピン川とヨム川が合流し南下してタイの稲作地帯を流れ、バンコクを経てタイランド湾（旧: シャム湾）に注ぐ川で重要な水源になっています！

● 第2章　先人のハウスについて学ぼう！

24 わら、土を用いた癒しのエコハウス！

ストローベイル・ハウスって何なの？

古来より稲、麦などの穂先に実った穀物を収穫した後、残った茎や葉などの副産物、つまり、"わら（藁）"を家の屋根、壁、床（畳）などの建築材として多く用いてきています。

米国・ネブラスカ州のグレートプレーンズ（Great Plains：農牧業地帯）において"ストローベイル・ハウス（Straw Bale）"と呼ばれる"わらによる家"が1800年後半に造られています（図(a)参照）。

この米国・ネブラスカ州のグレートプレーンズは、暑い夏、厳しい寒さの冬、西部では乾燥気味の湿潤大陸性気候であり、わらの断熱性、保温性、吸放湿性を持つ"わら（藁）"を利用して"ストローベイル・ハウス"が生まれました。

このわらで造られた家に用いるストローベイルは、わらを圧縮してロープで縛った"わらブロック"（図(b)参照）のことで、この"わらブロック"を積み重ねて壁を築き（図(c)参照）、築かれたわら壁の表面にわらを混ぜた粘土（土）などを塗り（図(d)参照）、さらに、耐火向上のためにシックイ（漆喰）等を塗り、耐水性に対しても強くして"わらによる家"を造ります。

用いるわらは、中空の組織構造ですので空気による断熱性があり、外側に塗ったわら入り土壁の熱伝導が低いために冬は外の冷気を、夏は外の熱を遮断し、また、わらの表面積が大きいために吸湿、放湿しますので湿度の調整（わらの呼吸）作用もあり、土の蓄熱性も手伝って快適な癒しの家を提供します（37項参照）。

なお、ストローベイル・ハウスにおいて、わら壁に荷重負担を掛けますと日本の建築基準法に対して認められませんので家の躯体（骨組み）に木造等の主要構造を採用する必要があります。

要点BOX
● ストローベイル・ハウスは、わらブロックを積み重ねて壁を築き、わら壁の表面に土などを塗り、さらに、シックイ（漆喰）等を塗った家です！

（a）ストローベイル・ハウスの外観

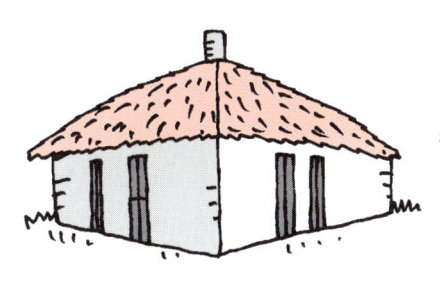

（b）ストローベイルの外観

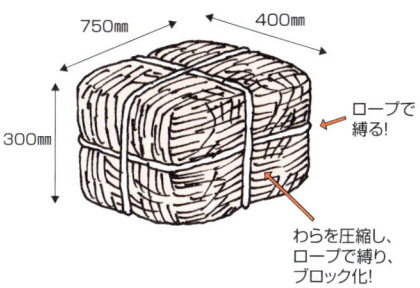

750mm
400mm
300mm

ロープで縛る！

わらを圧縮し、ロープで縛り、ブロック化！

引用文献：大岩剛一，"3.草パッシブ—藁と土のパッシブ・ソーラー・ハウス"
建築技術、2012年1月号、No.744、pp.168-169

（c）ストローベイルを積み上げる！

（i）一段積み上げのストローベイル

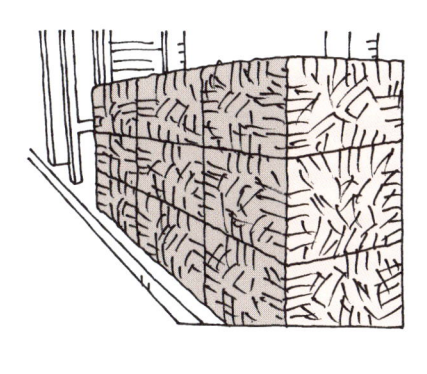

（d）外壁を土などで塗る！

用語解説

ベイル(Bale)：梱(コリ)、俵、梱包する、俵にするなどの意味です！

●第2章　先人のハウスについて学ぼう！

25 かやぶき屋根によるエコハウス！

イネ科多年草で覆った屋根の家！

かや葺き屋根とは、イネ科の多年草で覆った屋根の総称で、ススキ、アシ（葦：ヨシ）、チガヤなどを用いて屋根を造った古代からの家の形式の一つです。

古くは、縄文時代の竪穴式住居、また、岐阜県・白川郷、富山県・五箇山の合掌造りを始め、日本の北から南まで、あるいは、西ヨーロッパ（ドイツ、デンマーク、オランダ、イギリス）などあらゆる建物に用いられてきました（図ⓐⓑ参照）。

屋根材となるススキやアシ（葦：ヨシ）は、イネと同じように維管束、皮層細胞、および、空洞（通気層）等から成っています（図ⓒ参照、44項参照）。

この構造から断熱性、保温性、通気性がよく、また、適度な油成分があるために雨を弾き、しかも、クッション性があるために雨音を吸収するなどの特長があり、昔から屋根としての最適な素材になってきたのです。

日本古来の家では、冬はひさし（庇）をよけた冬の低い日差しが家の土間（蓄熱体）にあたり、土間（蓄熱体）に蓄熱し、夜になると土間（蓄熱体）からの温みを放熱して部屋を暖めてきました。一方、夏は深いひさし（庇）と落葉樹を植えることで朝夕の夏の日差しを遮り、南側に土間を置き、土間の冷気を放出して夏の夜の寝苦しさを回避してきました（図ⓓ参照）。

このようなかやぶき屋根の家では、"いろり（囲炉裏）"や"かまど（竃）"で火を焚く生活をしていたので、この囲炉裏から立ち昇る煙が"かや"や"躯体である木材"をコーティングし、防菌や防虫などの優れた効果をもたらし、家屋の耐久性を向上させてきました。

しかし、現在の生活においては、囲炉裏効果が少なくなり、耐久性の問題をかかえています。また、かやぶき屋根の葺き替え費用も無視できない現状なのです。

要点BOX
●かや葺（ぶ）き屋根とは、イネ科の多年草（ススキ、アシ（葦：ヨシ）、チガヤなど）で覆った屋根の総称です！

（a）日本のかや葺き屋根の家と西ヨーロッパのかや葺き屋根の家

(i) 日本のかや葺き屋根の家　　(ii) 西ヨーロッパのかや葺き屋根の家

（b）日本のかや葺き屋根の内側とかや葺き作業中の状況

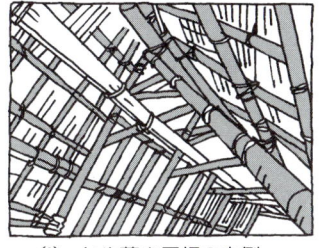

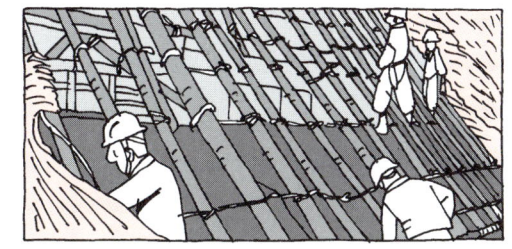

(i) かや葺き屋根の内側　　(ii) かや葺き作業中の状況

（c）イネの断面とススキの断面

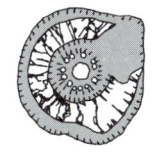

表皮
間隙（かんげき）
皮層細胞残部
維管束（いかんそく）

(i) 稲の断面　　(ii) ススキの断面

（d）日本古来の家の基本構造一例

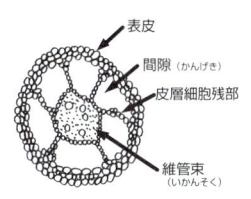

冬の太陽　夏の太陽
風が抜ける

引用文献：岩瀬徹、大野啓二、"写真で見る植物用語"、全国農村教育協会、2004 & 佐賀県農業試験研究センター、
http://www.pref.saga.lg.jp/web/at-contents/shigoto/nogyo/kenkyu/ai/saibai/mugi/saibai.html

用語解説

いろり（囲炉裏）：部屋の床を大きく四角に切って防寒や煮炊きのために薪（タキギ）等を焚くようにした処をさします！
維管束：37項を参照して下さい！

26 レンガを用いた自然にやさしいエコハウス！

断熱、吸放湿、保温の力で住みよい家！

レンガ(煉瓦)は、粘土を天日や熱で固めたもので、世界各地で最も古くから使われてきた建材の一つです。その歴史は、メソポタミア時代にさかのぼり、日本では近代化とともに導入され、日本の代表するレンガ建築物・東京駅(1914(T3)年建造)等に使用されてきました(図(a)参照)。しかし、関東大震災(1923(T12)年)で多くの被害が出たことからレンガ建築物は激減しましたが、最近、焼きムラによる微妙な色や自然味あふれる雰囲気が"安らぎ"や"癒し"を与えるために普及し始めています。

レンガは、粘土鉱物を20％以上含む粘土セラミックスの仲間の一つで、0.2mm以上の粒子、すき間、結晶から成る粗セラミックスの中に入る素材です(図(b)参照)。その構造は、多孔質ですので吸放湿性(調湿作用)がよく、多くの孔とすき間の空気により熱容量が大きく断熱性、保温力に富みます。したがって、レンガを用いた建築物は、外気に関係なく室内湿温度を一定に保つことができます。また、中空レンガ積み建造物では、外壁が遮音を行い、風通しも良いので躯体(建物の骨組み)の劣化を防ぎ、耐久性を高めます(図(c)参照)。さらに、ベースが粘土のために熱に対して強い耐熱性をもちます(図(d)参照)。

このレンガは、昔、天日干し製造から始まりましたが現在、一連の自動化製造装置で造られます。一例を見てみましょう！まず、粘土と砂を混合し、水を加えて土練機(どんれんき)で練り上げ、形成、切断等の加工を行い、乾燥、選別して後、焼成炉にて高温焼成し、自然冷却(除冷)して製品化します(図(e)参照)。

このようにレンガは、簡単な製造工程で造られ、"もろい"面がありますが、その反面、いくつかの特長をもちますのでエコハウス建材としては有望な素材と思われます。

要点BOX
●レンガ(煉瓦)は、粘土を天日や熱で固めたもので、世界各地で最も古くから使われていた建材の一つです！

(a) レンガ造りの東京駅

(b) セラミックスの分類

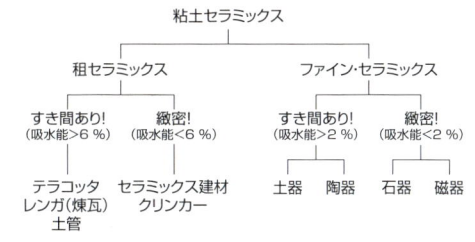

```
           粘土セラミックス
          ／        ＼
      粗セラミックス    ファイン・セラミックス
      ／    ＼          ／    ＼
  すき間あり！ 緻密！    すき間あり！ 緻密！
  (吸水能>6％) (吸水能<6％) (吸水能>2％) (吸水能<2％)
   │        │          │        │
  テラコッタ  セラミックス建材  土器    陶器  石器  磁器
  レンガ(煉瓦) クリンカー
  土管
```

(注) クリンカー(clinker)：クリンカーは焼塊とも呼ばれ、粉砕された鉱物を溶融温度で焼き固めたもので、特に、セメントの製造過程でできる塊状の物質をさし、これを粉砕してセメントを作ります！ また、炉壁などに付着する灰やカスを指すこともあります！

出典：中川　陽大、"煉瓦の塩類風化メカニズムの解明に資する基礎研究"、三重大学　大学院工学研究科、平成20年度、修士論文、p.10

(c) レンガの外壁への応用一例

耐震、耐火レンガ／鉄筋／外壁面材／断熱材／構造材(躯体)／通気層／透湿・防水シート

(e) 粘土セラミックスの製造工程

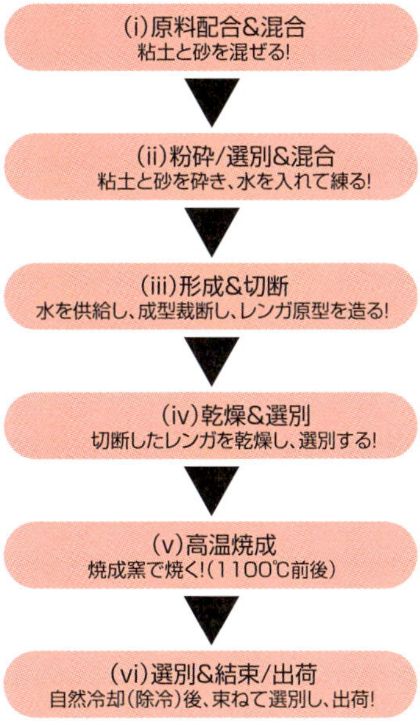

(i) 原料配合&混合
粘土と砂を混ぜる！

↓

(ii) 粉砕/選別&混合
粘土と砂を砕き、水を入れて練る！

↓

(iii) 形成&切断
水を供給し、成型裁断し、レンガ原型を造る！

↓

(iv) 乾燥&選別
切断したレンガを乾燥し、選別する！

↓

(v) 高温焼成
焼成窯で焼く！(1100℃前後)

↓

(vi) 選別&結束/出荷
自然冷却(除冷)後、束ねて選別し、出荷！

出典：中川　陽大、"煉瓦の塩類風化メカニズムの解明に資する基礎研究"、三重大学　大学院・工学研究科、平成20年度、修士論文、p.12、& 宍戸　勝敏、「レンガはこうしてつくられる」、レンガワーク入門、(株)地球丸、pp.8-10 を参考に筆者が作成)

(d) レンガの耐熱性一例

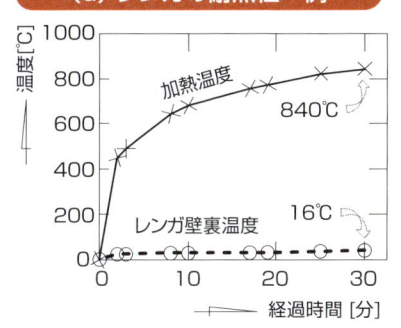

加熱温度 840℃
レンガ壁裏温度 16℃

縦軸：温度 [℃] (0〜1000)
横軸：経過時間 [分] (0〜30)

出典：日本建築総合試験場データ、平成19年11月26日(月)、煉瓦積み外壁の防火性能試験の実施データより引用

用語解説

土錬機 (どれんき)：土錬機とは、動力を使いレンガや陶磁器などの素地(きじ)を作るための粘土(坏土：はいど)をよく混ぜ、練り合わせる(混練する)機械のことです！

テラコッタ：48項を参照して下さい！

Column ❷

木の上ハウスとカッパドキア！
（自然を生かしたエコハウス！）

筆者が子供の頃、持ち寄った切れ端の板を山林の木の枝に載せ、縄で結びつけて床にし、ムシロとワラを縄で結びつけて壁にし、木の枝と葉っぱを載せて屋根にした小屋（木の上ハウス）を作って遊びました。高さは、約2m位、コタツ布団を持ち込み、ミカン箱をテーブルにしてカルタ取りやミカン糸釣りゲーム等の遊びで楽しみました。この木の上ハウスは、冬の地表の冷気を防ぎ、また、ワラの保温力、断熱力で外気を締め出した冬の子供の良い遊び場でした。今みれば、子供のエコハウスだったのです（下図(a)参照）！

この木の上ハウスに似たハウスにトルコの"カッパドキア"があります（下図(b)(c)参照）。カッパドキアは、キリスト教徒が迫害を逃れるために作った洞窟ハウスで加工しやすい溶岩（凝灰岩：ぎょうかいがん）を利用したエコハウスです。つまり、溶岩の家は、溶岩の多孔質構造のために保水力、保温性に富み、この保水された水がゆっくり蒸発し、気化熱になって自然冷房に、また、暖まると溶岩の保温力で自然暖房になるものです。

この"木の上ハウス"や"溶岩の家（カッパドキア）"は、昔から夢あるエコハウスなのかもしれません！

(b) 溶岩の家（カッパドキア）の内部（著者撮影）

(c) 溶岩の家（カッパドキア）の外観一例（著者撮影）

(a) 木の上ハウス（子供の遊び場）一例

第3章
環境にやさしいハウスとは？

●第3章　環境にやさしいハウスとは？

27 エコハウスとは？

背景と概念！

1965年頃の高度経済成長時代に始まった大量生産、大量消費という背景の中で二酸化炭素CO_2の排出による環境破壊が深刻化し、次世代へ大きな負担となって膨らんできました。その中、これらの環境問題を社会全体で取り組む動きが強まり、その取り組みの一つに"エコハウス"という居住環境の快適さ、健康、安全の実現を目指し、エネルギー、資源、廃棄物などの環境に配慮した住宅、また、周囲の自然と調和しつつ一体となって暮らせるようなライフスタイルを実現できる住宅という考え方が誕生しました。このような背景の中、2011年3月の東日本大震災を機に省エネルギーの意識がエコハウスの取り組みをさらに身近にしてきています。また、環境省から住まい方の三つのテーマを基本に"地域らしさ"を目指した家づくりの方針が次のような項目で出されています（図a参照）。

①"環境基本性能の確保"とは、地域にあった工夫で断熱、気密、日射遮蔽、日射導入、蓄熱、通風、換気、自然素材など住まいの基本性能を確保し、使用エネルギーを最小限に抑えることが求められています。

②"自然・再生可能エネルギー活用"とは、太陽光、太陽熱、風力、地中熱、水、バイオマス、温度差など自然エネルギーを最大限利用し、なるべく化石エネルギーに頼らないことが求められています。

③"エコライフスタイルと住まい方"とは、エネルギー総消費量を削減するために共生住宅の新しいしくみ作りや省エネルギー化に向けた新しいライフスタイルの工夫を意識や行動に求められています。

このように、その地域の自然環境や立地にあった建築設計、気候を考慮した自然エネルギーの最大利用、さらに、地域で手に入る材料を使うなど環境に負担をかけないで自然と調和し、人々が安心で豊かな生活を送ることができるように工夫した省エネ住宅をエコハウスの基本にしています（図b参照）。

要点BOX
●エコハウスは、その地域の特色を生かしながら自然と調和し、豊かな生活を送ることのできるように工夫して建てられる省エネ住宅です！

(a) エコハウスの条件は？

環境基本性能の確保！
住まいの基本性能を確保し、使用エネルギーを最小限に抑えること！

自然・再生エネルギー活用！
自然エネルギーを最大限利用し、なるべく化石燃料に頼らないこと！

エコライフスタイルと住まい方！
共生住宅の新しいしくみ作りやライフスタイルを工夫すること！

エコハウスとは？
三つのテーマを基本に地域らしさを目指した住宅です！

(b) 地域の特色を生かして省エネするエコハウスの一例

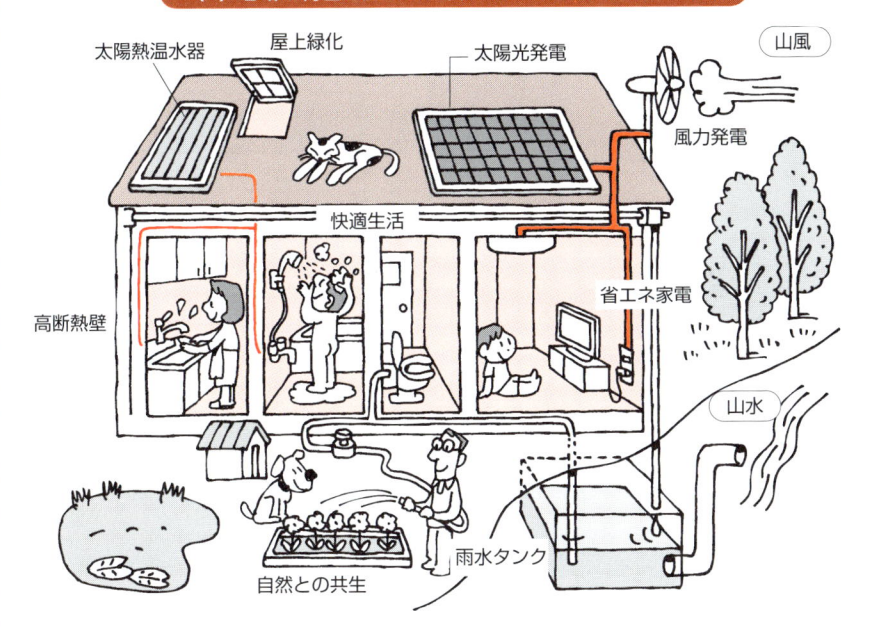

太陽熱温水器　屋上緑化　太陽光発電　山風
風力発電
快適生活
高断熱壁　省エネ家電
山水
自然との共生　雨水タンク

用語解説

雨水タンク：41項(雨水システム)をご参照下さい！
屋上緑化：46項をご参照下さい！

28 エコハウスの特徴！

省エネ住宅の基本！

エコハウスのエコとは、エコロジー（環境）とか、エコノミー（経済）の略語です。エコハウスは、地域の気候風土、敷地の条件、住まい方に応じた自然エネルギーの最大活用、地域の材料を使うなど環境に負担をかけない環境や経済に優しい省エネ住宅をさします。

エコハウスは、いろいろな仕様住宅の基本で、①調理、給湯、空調（冷暖房）などのシステムをすべて電気によってまかなうオール電化型住宅、②太陽光発電など自然エネルギーを活用するパッシブ型住宅、③自然冷媒ヒートポンプ給湯機や家庭用燃料電池などの設備で省エネを行う設備型住宅、④情報通信技術と電力網を融合してエネルギーの消費制御するスマート型住宅などで、これらは"エコ"の考え方や技術が施された省エネ住宅です（図(a)参照）。

エコハウスにおける省エネ技術には、建築技術と設備技術があります。前者の建築技術は、一般に"建築デザイン"と呼ばれ、断熱、気密、日射遮蔽、日射導入、蓄熱、通風、換気など住宅構造の工夫を取り入れ、太陽光、太陽熱、風力などの自然エネルギーを効率よく利用して省エネに寄与する方法です。後者の設備技術は、自然エネルギー利用設備（太陽光・風力発電装置、太陽熱温水器等）や高効率設備（省エネエアコン、省エネ家電・照明、自然冷媒ヒートポンプ給湯機、家庭用燃料電池、高効率熱交換型換気装置）によって省エネに寄与します。エコハウスは、これらの建築技術と設備技術の両方を効率よく組み合わせ、地域の気候に合わせて建てられた省エネ住宅です（図(b)参照）。

ここで、エコハウスが素晴らしい省エネ住宅であっても、そこに住む住人の知恵、工夫、努力による維持管理がなければ価値がありません。また、エコハウスは単に技術の寄せ集めではなく、環境志向型のライフスタイルを実現する手段であることも忘れてはならないと思います。

要点BOX
●エコハウスの省エネ技術は、建築技術（建築デザイン）と設備技術（省エネ設備）があり、両方を効率よく組み合わせます！

(a) エコハウスのいろいろな形！

エコハウスの考え方や技術が施された省エネ住宅です！

私も省エネ住宅？

- 伝統型住宅
- パッシブ型住宅
- オール電化型住宅
- 設備型住宅
- スマート型住宅
- 高気密型住宅

(b) エコハウスに用いられる省エネ技術って？

省エネ技術
┣ 設備技術（省エネ設備）
┗ 建築技術（建築デザイン）

設備技術（省エネ設備）

■自然エネルギー利用設備
　☆太陽光・風力発電装置
　☆太陽熱温水器装置

■高効率設備
　☆省エネエアコン
　☆省エネ家電・照明
　☆自然冷媒ヒートポンプ給湯機
　☆家庭用燃料電池
　☆高効率熱交換型換気装置

■省エネ制御システム
　☆HEMS

建築技術（建築デザイン）

■自然エネルギー利用
　☆太陽光
　☆太陽熱
　☆風力

■建築デザイン
　☆外観（形状、方向等）
　☆間取り
　☆断熱、気密、日射遮蔽、
　　日射導入、蓄熱、通風、換気
　☆建築材料
　☆環境共存

用語解説

パッシブ型住宅：自然エネルギーを活用する省エネ住宅のことです。
スマート型住宅：情報通信技術と電力網を融合して省エネする住宅のことです。
HEMS：Home Energy Management System（家庭エネルギー管理システム）のことで、家庭内のエネルギーを制御できるシステムのことです！

● 第3章　環境にやさしいハウスとは？

29 パッシブハウスとはどんなハウス？

パッシブハウスの背景と概念！

パッシブハウスとは、1991年にドイツのパッシブハウス研究所（Passive House Institute：PHI）によって提唱された省エネ住宅のことで、パッシブハウス研究所が定めた基準を満たすとパッシブハウスとして認定される住宅になります。ヨーロッパにおいては、セントラルヒーティング暖房が中心ですが、パッシブハウスは大掛かりな暖房装置なしに過ごせる住宅ということで、ドイツを中心にスイスやオーストリアなどの中央ヨーロッパで普及し始め、近年、各国で地域性を生かしながら建設が試みられています。

このパッシブハウスの"パッシブ"とは、"静的な"という意味から建築技術を用いて省エネします。つまり、住宅構造の工夫（高断熱化、高気密化）と再生可能エネルギー（パッシブエネルギー）を生活空間の快適性を損なわないように効率よく組み合わせて冷暖房を行うハウスのことです（図(a)参照）。しかし、経済性を高めるために換気装置に冷暖房機能を組み込んで

いるので無冷暖房住宅ではないのです。

またパッシブハウスは、住宅の省エネ性を数値で評価認定します。自動車では、性能を示す方法にガソリン1ℓで何km走行できるかを燃費表示し、この燃費表示を参考に経済性を考えて車を選択すると思います。同じように、住宅も燃費性能を評価することが重視される必要があると考えられます（図(b)参照）。

このパッシブハウスに認定された住宅は、生活の快適性や経済性などを考慮した省エネ住宅になります。

これに対して、"アクティブ"とは、"動的な"という意味から設備技術を用いることで電力、都市ガス、灯油などをエネルギー源とする機器や装置を用いて冷暖房を行う方法です。

既に、EU（European Union：欧州連合）においては、住宅の省エネ化が表示義務付けられています。近い将来、日本でもパッシブハウスのしくみに準じた法改正が行われると思われます。

要点BOX
●パッシブハウスは、設計段階で住宅の省エネ性を数値で評価認定されるハウスのことです！

(a) パッシブハウスは高断熱、高気密構造なのです！

☆ 太陽エネルギー利用！
☆ 高断熱、高気密構造！
☆ 熱交換型換気装置が不可欠！

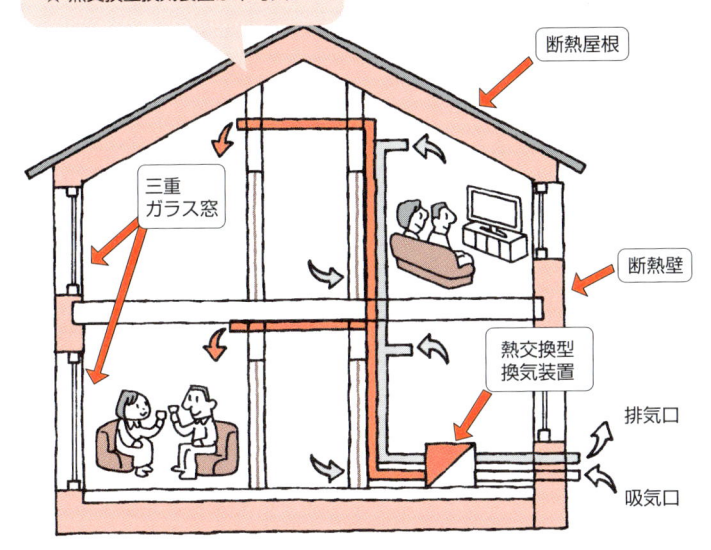

断熱屋根
三重ガラス窓
断熱壁
熱交換型換気装置
排気口
吸気口

(b) パッシブハウスのもう一つ特徴は？

住宅は高価なのに燃費表示しないの？

パッシブハウスは燃費表示するので〜す！

燃費 20km/ℓ

冷暖房負荷 30kw/㎡

用語解説

セントラルヒーティング(central heating)：全館集中、中央暖房装置とも呼ばれ、一箇所の給湯器熱源装置（ボイラー等）を設置し、その熱を必要な各部へ送り届ける暖房方式をさします！
EU(European Union)：EUとは、欧州連合をさします！

● 第3章　環境にやさしいハウスとは？

30 パッシブハウスの特徴！その1

住宅性能！

パッシブハウスの認定を受けるには、三つの重要なポイントがあります（図(a)参照）。

① 器の性能として建物に与えなくてはいけないエネルギー量、すなわち、冷暖房設備が生み出さなくてはならないエネルギー量が、冬期室内温度：20℃、夏期室内温度：25℃とした時、年間冷暖房負荷としてそれぞれ15kWh/㎡（合計30kWh/㎡）以下と定められています。この値が住宅の燃費を表す指標になり、小さいほど燃費の良い住宅になります。

② 1次エネルギー（石炭、原油、天然ガス、核燃料、太陽光エネルギー等）の単位床面積あたりの年間消費量の規定です。これは、家電を含めた冷暖房、照明、給湯、換気等に要する1次エネルギー消費量が年間120kWh/㎡以下と定められています。この値が環境に与える影響の大きさを表し、小さいほど環境に優しい住宅になります。

③ 住宅の気密性能として50パスカル（Pa）の加減圧時の漏気回数が0.6回以下という規定です。これは、住宅全体の隙間相当面積（㎠）を延べ床面積（㎡）で割って得られる隙間相当面積が0.2～0.4㎠/㎡に相当する条件です。この値が小さいほど気密性が高く、屋外の暑さ、寒さ、湿気、埃、花粉などを寄せ付けない目安になり、値が小さいほど健康に優しい住宅になります。

日本の次世代省エネ基準（地域によって異なる）に規定されている年間冷暖房負荷は、パッシブハウスの年間冷暖房負荷30kWh/㎡に比べて80～128kWh/㎡以下に規定されています。パッシブハウスの方が約1/3～1/4ほど消費が少なく、如何に燃費の良い住宅であるかがわかります（図(b)参照）。

このように、パッシブハウスとして認定された住宅は、厳しい基準の基に建てられており、住宅の燃費、環境負荷、生活の快適さなどを数値で確認することができるようになっています。

要点BOX
● パッシブハウスは、年間冷暖房負荷が日本の次世代省エネ基準に比べて約1/3～1/4ほど消費が少なく、たいへん燃費の良い住宅です！

(a) パッシブハウスの認定基準は？

器の性能
―冷暖房負荷―
それぞれ15kWh/㎡·年以下

1次エネルギー消費量
（120kWh/㎡·年以下）
・1次エネルギーの消費量制限
・枯渇性エネルギー
　（石炭、石油、天然ガス等）
・再生可能エネルギー
　（太陽光エネルギー等）

気密性能
50パスカル加減圧時の漏気回数0.6回以下
隙間相当面積0.2～0.4㎠/㎡以下に相当

認定は、この3項目の条件を満たさなければなりません！

(b) パッシブハウスの認定基準と日本の次世代省エネ基準の比較

区分	都道府県
I	北海道
II	青森県、岩手県、秋田県
III	宮城県、山形県、福島県、栃木県、新潟県、長野県
IV	茨城県、群馬県、埼玉県、千葉県、東京都、神奈川県、富山県、石川県、福井県、山梨県、岐阜県、静岡県、愛知県、三重県、滋賀県、京都府、大阪府、兵庫県、奈良県、和歌山県、鳥取県、島根県、岡山県、広島県、山口県、徳島県、香川県、愛媛県、高知県、福岡県、佐賀県、長崎県、熊本県、大分県
V	宮崎県、鹿児島県
VI	沖縄県

パッシブハウスの冷暖房負荷は、日本の次世代省エネ基準に対して約1/3～1/4ほど消費が少ないんだ！

年間冷暖房負荷[kWh/㎡·年]

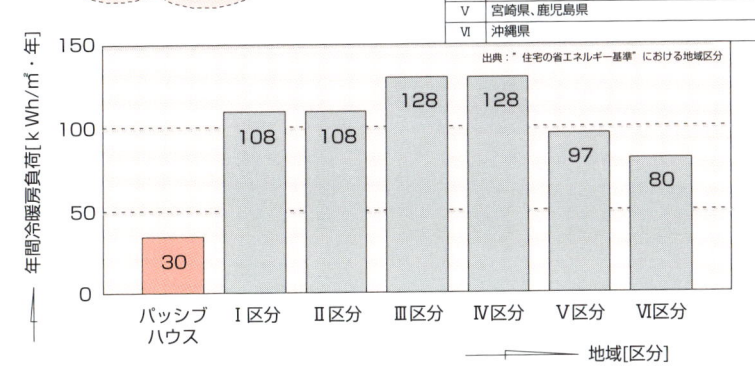

出典："住宅の省エネルギー基準"における地域区分

	パッシブハウス	I区分	II区分	III区分	IV区分	V区分	VI区分
値	30	108	108	128	128	97	80

地域[区分]

用語解説

1次エネルギー消費量：家庭で使われる建築設備（冷暖房、給湯、照明、調理、換気が対象）に必要なエネルギーを補正係数を使って1次エネルギーに換算して算出した値です。

次世代省エネ基準：日本で1999年（平成11年）に改正された省エネ基準で、現在も使用されている基準です！

パスカル(Pa)：パスカルとは、単位面積あたりにかかる力のことで1パスカルは、1平方メートル(㎡)の面積につき1ニュートン(N)の力が作用する圧力、または、応力と定義されます！ここでは、密閉度を表しています！なお、1ニュートンは1キログラムの質量をもつ物体に1メートル／毎秒毎秒(m/s^2)の加速度を生じさせる力です！

● 第3章　環境にやさしいハウスとは？

31 パッシブハウスの特徴！その2

断熱構造と換気装置！

パッシブハウスの基準を満たすためには、室内の熱を如何に逃がさないようにするかが重要になります。このために各部の断熱性能の目安を設定します。例えば、中央ヨーロッパの気候を例にしますと、①屋根、壁、床等の断熱の熱貫流値を0・15W／m²K以下、②開口部の窓や玄関ドアの熱貫流値を0・8W／m²K以下、③室内と室外の熱を直接伝導する窓枠や支柱などのヒートブリッジ（Heat Bridge：熱橋）の熱伝達率を0・01W／mK以下などです（図a参照）。

これらの値は、日本の次世代省エネ基準に対し、大変小さく厳しい値です。特に、ヒートブリッジは、今まで影響度が少ないことで重要視されていなかったのですが、パッシブハウスのように断熱性を高めていくと無視できなくなります。これらの値を達成するためにパッシブハウスが認定した建材か、同等以上の性能を有する建材を使用し、建物の屋根、壁、床などの厚みを300mm前後、窓部分を3重ガラスにす

るなど徹底した断熱設計により熱損失を最小にしていきます。しかし、単に断熱性を高めるだけでは日本のような気候では、夏対策としては不十分です。ひさしで日射しを遮ったり、通風しやすい窓の位置をデザインすることで冷暖房負荷を減らすことが重要です。また、パッシブハウスの特徴として、高性能の熱交換型換気装置を用いて室外へ排気する空気の熱を利用し、給気される空気を冬は温め、夏は冷し、常に室内を快適な温度に保ちつつ新鮮な空気に換気します（図b参照）。

このように、住宅構造の工夫と高効率熱交換型換気装置の導入により消費電力の大きな冷暖房設備を使用せずにパッシブハウスの認定基準を達成します。

パッシブハウスの基準は、我が国やEU諸国の法令基準よりも厳しい民間の基準で、この認定住宅が"生活の快適性"、"環境負荷軽減"、"経済性"を兼ね備えた省エネ住宅といわれる所以です。

要点BOX
●パッシブハウスは、断熱性や気密住を高めるために認定建材と高効率の熱交換型換気装置を併用して認定基準を達成します！

(a) パッシブハウスの認定基準を満たすには?

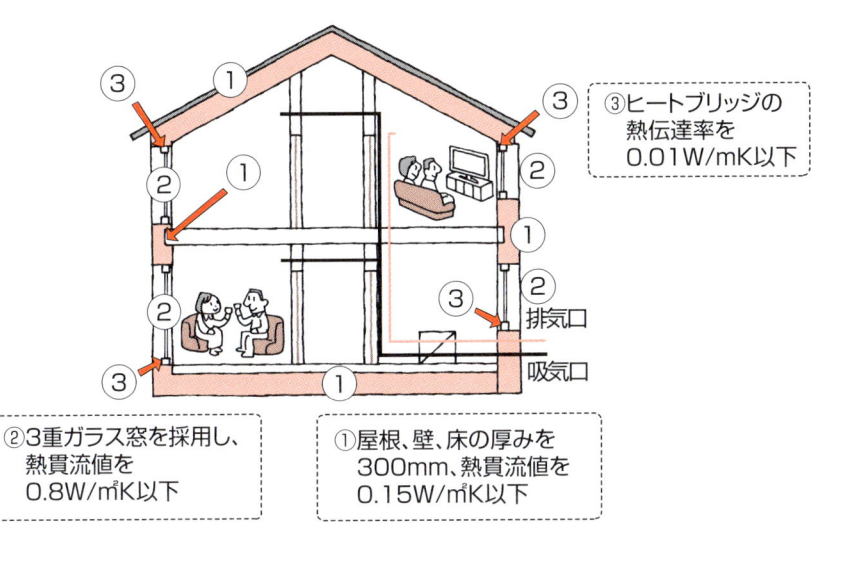

③ヒートブリッジの熱伝達率を0.01W/㎡K以下

②3重ガラス窓を採用し、熱貫流値を0.8W/㎡K以下

①屋根、壁、床の厚みを300mm、熱貫流値を0.15W/㎡K以下

排気口
吸気口

(b) 高効率の熱交換型換気装置の原理(イメージ図)

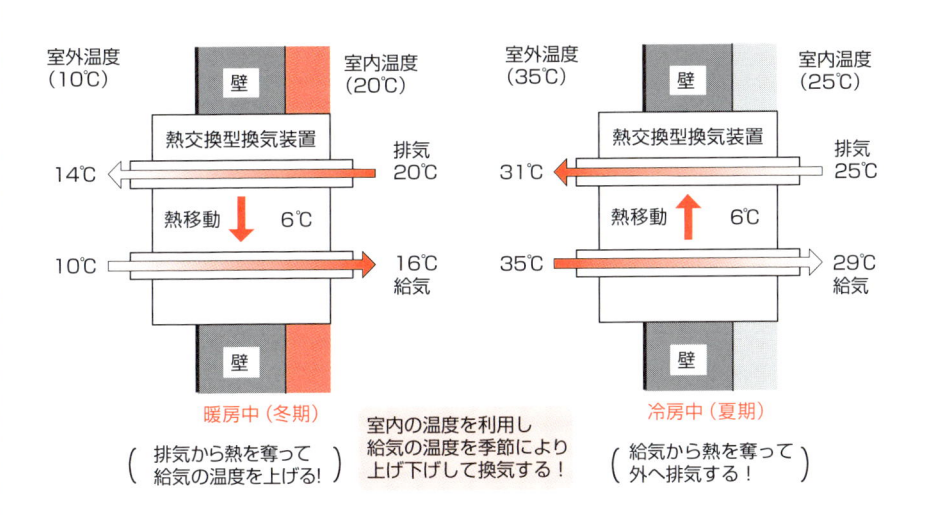

暖房中(冬期)
- 室外温度(10℃)
- 室内温度(20℃)
- 熱交換型換気装置
- 排気 20℃ → 14℃
- 熱移動 6℃
- 10℃ → 16℃ 給気
- (排気から熱を奪って給気の温度を上げる!)

室内の温度を利用し給気の温度を季節により上げ下げして換気する!

冷房中(夏期)
- 室外温度(35℃)
- 室内温度(25℃)
- 熱交換型換気装置
- 排気 25℃ → 31℃
- 熱移動 6℃
- 35℃ → 29℃ 給気
- (給気から熱を奪って外へ排気する!)

用語解説

熱橋(Heat Bridge): 51項を参照して下さい!
熱交換型換気装置: 高気密住宅に用いる換気装置で、空気の吸排気時に排熱を利用して冷暖房時の省エネを行う装置をさします(52項参照)!

32 スマートハウスとは?

背景と概念!

スマートハウスは、1980年代初めにアメリカでホームオートメーションの一つとして提唱されました。"スマート"とは、"賢い"の意味で、家電製品に対する安全性、異なる機器の電源統一の利便性、光熱費を低減する経済性等を目的にスタートしました。

日本では、1995年のパソコンや携帯電話普及による通信インフラ、2000年のインターネットによるITインフラ、2005年の家電機器のデジタル化による生活インフラ、そして、2010年からの太陽光、太陽熱、風力など再生可能エネルギーによる創生エネルギーインフラと、これらのインフラ整備と充実が私たちの生活に密着してきており、次世代に向かってスマートへのインフラ取り組みが具体化し始めています(図(a)参照)。

また、東日本大震災後は光熱費の削減や環境負荷の低減だけでなく、非常時にも対応しうる電力の確保、つまり、地域の中でエネルギーを自給自足する意識が広まってきており、ITと都市づくりが融合して"スマートコミュニティ"、または、"スマートシティ"へ発展しつつあります。スマートハウスは、このエネルギーの地産地消の最小単位でもあります。

スマートハウスは、エコハウスやパッシブハウスに見られる高断熱化、高気密化、省エネ設備、創エネ設備をベースに蓄エネ設備、IT技術を活用したHEMS (Home Energy Management System：家庭エネルギー管理システム)が備わっている点が大きな特徴です(図(b)参照)。このために住宅業界にとどまらず電気機器、自動車、情報通信、セキュリティ、エネルギーなどの多くの関連業界が実用化に取り組むので、スマートハウスは単なる省エネ住宅ではなく、近い将来のスマートコミュニティへの発展、また、地域全体の電力網、通信・制御機能などを活用したネットワークによるエネルギーの最適消費を図る"スマートグリッド"へと飛躍していくものと思われます。

要点BOX
- スマートハウスは、蓄エネ設備とIT(情報通信技術)技術を活用したHEMSが備わっている点が大きな特徴です!

(a) インフラ(構造基盤)と情報社会の流れ！

	1995年	2000年	2005年	2010年
	通信インフラ	ITインフラ	生活インフラ	創生エネルギーインフラ
	パソコン、携帯電話の普及	インターネットの普及	デジタル家電の普及	太陽光発電の普及

マルチメディア → ブロードバンド → ユビキタス → スマート

情報社会の流れ！

情報社会の未来がスマートだ！

(b) スマートハウスと他のハウスとの違いは？

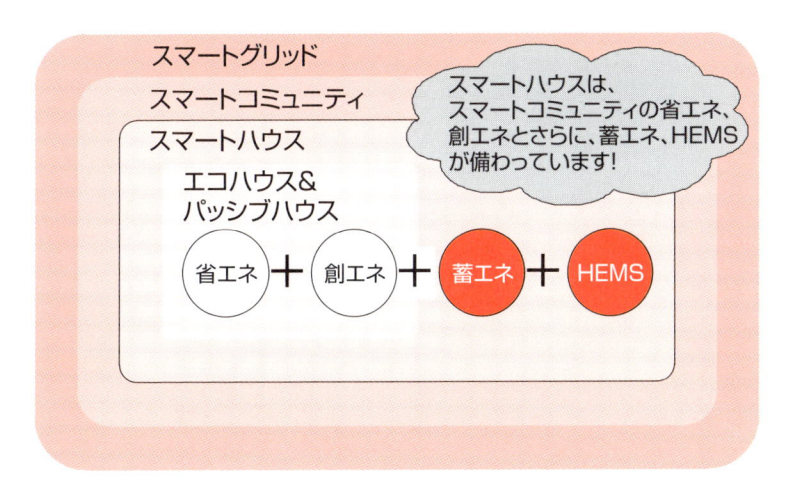

スマートグリッド
　スマートコミュニティ
　　スマートハウス
　　　エコハウス＆パッシブハウス
　　　　省エネ ＋ 創エネ ＋ 蓄エネ ＋ HEMS

スマートハウスは、スマートコミュニティの省エネ、創エネとさらに、蓄エネ、HEMSが備わっています！

用語解説

マルチメディア(Multimedia)：コンピュータ上で文字、静止画、動画、音声など様々な形態の情報を統合して扱う技術のことです！
ブロードバンド(Broadband)：高速・大容量のデータ通信が可能な回線のことです！
ユビキタス(Ubiquitous)："いつでも、どこでも、だれでも"がインターネットを介して双方向につながる環境や技術のことです！
スマート(smart)：情報通信技術を介して多様な情報を敏速に処理し、伝達共有化することをさします！
インフラ：Infrastructureの略で、構造基盤、環境整備などの意味です！

●第3章　環境にやさしいハウスとは？

33 スマートハウスの特徴は？

HEMS！

スマートハウスは、ITを使って住宅とエネルギー供給事業者間を双方向で通信しながら住宅内の家電等を自動制御し、太陽光発電、蓄電池、電気自動車などを連携させてエネルギーを効率的に利用する住宅で、その中核技術がHEMSです（図(a)参照）。

このシステムの特徴の一つ目は、省エネ家電、電力、ガス、水等の設備機器を一括制御できること、つまり、エネルギー情報と連動した制御やモニタリング操作がパソコンやテレビ、"携帯電話やスマートフォン"等を使用して場所や時間を気にせず自由にできることです。

二つ目は、家庭内のエネルギー使用情報や電気自動車に充電する電力情報等が"スマートメーター"により、一目で確認でき、どのようにしたら省エネ生活につながるのかを住まい手に対してイラストやグラフ表示でわかりやすく伝えられるようになることです。

三つ目は、太陽光発電や風力発電など再生可能エネルギーで創られるクリーン電力を家庭内で直接消費したり、一日蓄電して必要な時に消費したり、余剰電力をエネルギー供給事業者に売電したりすることが容易になることです。

近い将来、再生可能エネルギーとHEMSのさらなる活用により省エネ住宅から低エネルギー住宅へ、1次エネルギー消費がゼロ、または、概ねゼロになる究極のゼロエネルギー住宅へと向かっていくことが国家レベルで計画されています。

このように、スマートハウスはITと連携することによって防犯、高齢者の見守り、遠隔健康管理、外出先から携帯電話などで自宅の電力制御を行うなど、"安心、安全、健康、便利"という新たな付加価値サービスが可能になります（図(b)参照）。

また、スマートハウスの取り組みは多くの事業が参画し、グローバルな規模で実証実験や実用化検討が進められており、単なる住宅にとどまらず経済活性化への影響も大きく、その存在感がますます大きくなっていくものと予想されます。

要点BOX
●HEMSの特徴は、IT（情報通信技術）を活用して住宅のエネルギーの一括制御、見える化、電力の売買が容易にできることです！

(a) スマートハウス(HEMS)のイメージ図

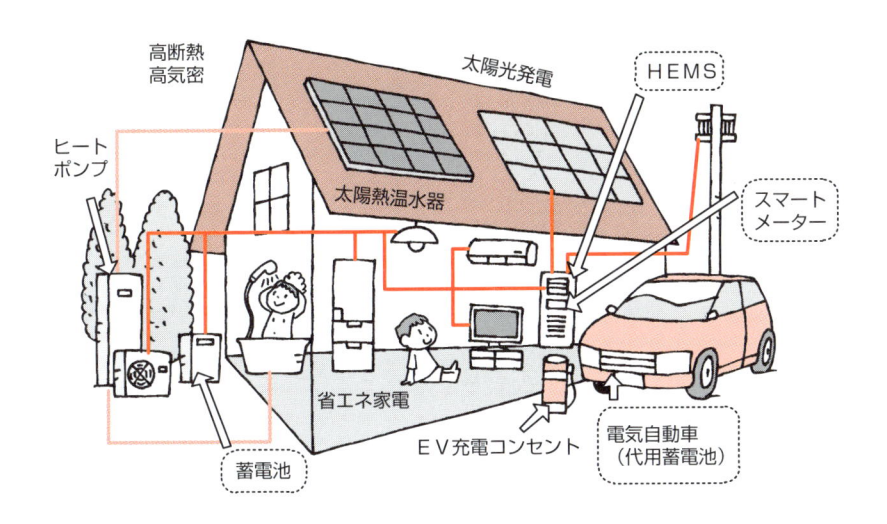

- 高断熱高気密
- ヒートポンプ
- 太陽光発電
- HEMS
- 太陽熱温水器
- スマートメーター
- 省エネ家電
- 蓄電池
- EV充電コンセント
- 電気自動車（代用蓄電池）

(b) スマートハウスを中心にした今後の展開!

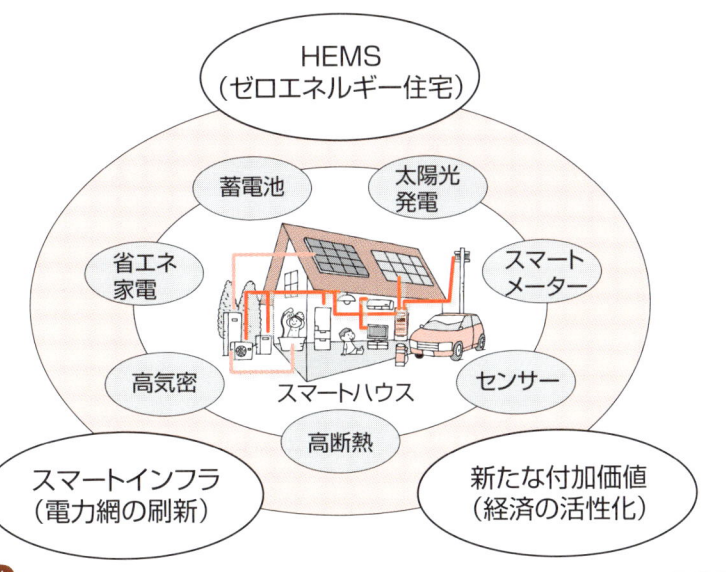

- HEMS（ゼロエネルギー住宅）
- 蓄電池
- 太陽光発電
- 省エネ家電
- スマートメーター
- 高気密
- センサー
- スマートハウス
- 高断熱
- スマートインフラ（電力網の刷新）
- 新たな付加価値（経済の活性化）

用語解説

EV(Electric Vehicle)：電気自動車のことです！
ゼロエネルギー住宅：一般的な住宅で消費するエネルギーの省エネ量と太陽光発電等で創出されるエネルギー量で相殺して正味のエネルギー消費量をゼロにすることを目指す住宅のことです！

● 第3章　環境にやさしいハウスとは？

34 まだあるハウス評価のいろいろ！

安心、安全、快適のポイント！

前項までは、省エネを中心に代表的な三つのハウスを紹介してきましたが、ハウスとして一番大切なのは、人の健康や生活を守ることです。我が国の住宅に関する法律の一つに"住宅性能表示制度"があります。新築、既存住宅が対象になり、良質な住宅を安心して取得できる市場を形成するために作られた制度です。この制度は、住宅の性能を10項目の幅広い範囲について表示しています。このために、表示の適正化を共通ルール（表示、評価方法の基準）として定めており、住宅取得者が外観から判断できない建物の性能の違いなど、専門的な知識がなくてもわかりやすく数値表示されるようになっています。

この評価項目は、①構造の安定性（地震や風等の力が加わった時の建物全体の強さを評価）、②火災時の安全性（火災発見のしやすさや耐火性能を評価）、③劣化の軽減（建物の劣化、木材の腐朽等のしにくさを評価）、④維持管理、更新への配慮（給排水管とガス管の日常における点検、清掃、補修のしやすさを評価）、⑤温熱環境（冷暖房時の省エネルギーの程度を評価）、⑥空気循環（内装材のホルムアルデヒド拡散量、および、換気措置などシックハウスの原因を評価）、⑦光・視環境（日照や採光を得る開口部面積を評価）、⑧音環境（居室のサッシ等の遮音性能を評価）、⑨高齢者への配慮（部屋の配置、段差の解消、階段の安全性、手すりの設置、通路・出入口の幅員等のバリアフリーを評価）、⑩防犯（住宅内部に通じる開口部に侵入防止対策上有効な措置が講じられているかを評価）等があり、3～5段階で評価します（図b参照）。

現在、この制度は義務ではなく、任意制度なので住宅の性能を保証するものではありませんが、法律で定められている制度のためにエコハウス、パッシブハウス、スマートハウスはすべての項目で標準以上の評価が得られるように施工されるのです。

> **要点BOX**
> ●ハウスの評価には、省エネ以外に人の健康や建物構造の安定性、火災時の安全性など10項目の幅広い評価項目が設けられています！

(a) 住宅性能の表示比較例（数値が大きい程、良い！）

どちらが良いかなぁ～！

耐震等級 ………… 3
耐火等級 ………… 4
省エネルギー対策等級 … 4
バリアフリー等級 ……… 5

耐震等級 ………… 3
耐火等級 ………… 3
省エネルギー対策等級 … 4
バリアフリー等級 ……… 4

(b) "住宅性能表示制度"で定められた項目！

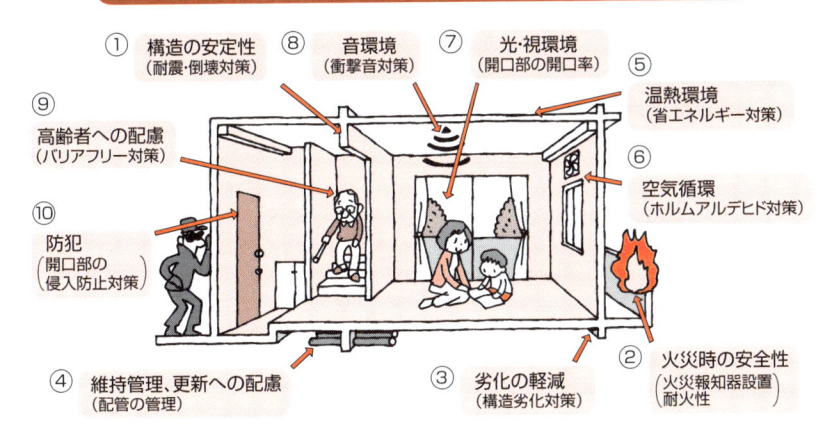

① 構造の安定性（耐震・倒壊対策）
⑧ 音環境（衝撃音対策）
⑦ 光・視環境（開口部の開口率）
⑤ 温熱環境（省エネルギー対策）
⑥ 空気循環（ホルムアルデヒド対策）
⑨ 高齢者への配慮（バリアフリー対策）
⑩ 防犯（開口部の侵入防止対策）
④ 維持管理、更新への配慮（配管の管理）
③ 劣化の軽減（構造劣化対策）
② 火災時の安全性（火災報知器設置／耐火性）

出典：国土交通省「住宅性能表示制度ガイド」を参考に作成

用語解説

ホルムアルデヒド (Formaldehyde)：ホルムアルデヒドは、常温で無色の刺激臭のある気体（化学物質の一つ）で水に溶ける性質を持っています。このホルムアルデヒドの37%水溶液はホルマリンと呼ばれ、殺菌、防虫、防腐剤として広く利用されている他、家具、建築資材、塗料、接着剤等に使用されています！

シックハウス(Sick House Syndrome)：住居内での室内空気汚染による様々な健康障害を総称して"シックハウス症候群"と呼びます。これは、住宅の高気密・高断熱化が進み、新建材と呼ばれる化学物質を含有した建材や接着剤などを多く用いたことによって室内空気が化学物質などに汚染され、そこに住む人の健康に悪影響を与えてしまうようになったことから命名されました。最近では、学校の室内空気汚染による健康障害として"シックスクール"も問題化されています！

● 第3章　環境にやさしいハウスとは？

35 我が国の省エネ規制の歴史！

省エネ法制定の背景と歴史！

我が国最初の省エネ法は、第1次オイルショック（1973～1975年）の教訓から1979年に、"燃料資源の有効活用"と"エネルギー使用の合理化"などを進める目的で制定されました。

住宅・建築分野の関連を見てみますと、翌年の1980年に建築主の判断基準、および、設計・施工の指針として省エネルギー基準（旧省エネルギー基準）が策定され、次いで、第2次オイルショック（1978～1983年）を経て、1992年に基準値強化と気密住宅基準の新設などを盛り込んだ内容に改正（新省エネルギー基準）されました。さらに、1997年の京都議定書（地球温暖化温室効果ガス削減取組）を受けて1999年に年間冷暖房負荷基準、多様な設計評価、気密住宅基準の適用拡大、換気基準の明確化などを盛り込んだ新たな改正（次世代省エネルギー基準）がなされたのです。この時期に自動車、電気製品、ガス・石油機器などを対象にした"トップランナー制度"が導入され、エネルギー消費効率が最も優れている製品を"トップランナー"と位置付け、製造者や輸入事業者に対し、3～10年後の製品が"トップランナー"を満たすことを求め、その達成状況を国が目標年度に確認する制度です。住宅・建築分野においても2009年に一部基準改正で、300㎡以下、年間150棟以上の規模の住宅（住宅建築主限定）にトップランナー制度が敷かれました。

また、東日本大震災の教訓から2012年に更なる改正が行われ、①従来の省エネ対策に加え、蓄電池、エネルギー管理システム（HEMS、BEMS）、自家発電、蓄熱式空調、ガス空調等の活用によって電力需要ピーク対策の円滑化、②建築材を新たにトップランナー制度の対象に追加、③電力需要ピーク対策のために電気事業者から需要者へ電力使用状況に関する情報の開示などが追加されています。今後も時代の流れを背景に改正がなされていくと思われます。

要点BOX
● 我が国の省エネ法は1979年に制定され、住宅・建設分野は1980年に策定以降、時代の流れを背景に改正がなされています！

(a) 我が国の省エネ法に関するこれまでの経緯

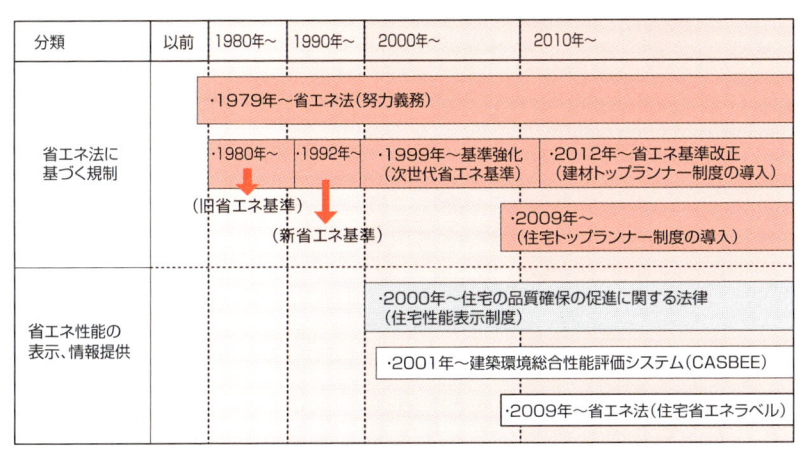

分類	以前	1980年～	1990年～	2000年～	2010年～
省エネ法に基づく規制		・1979年～省エネ法（努力義務）			
		・1980年～ （旧省エネ基準）	・1992年～ （新省エネ基準）	・1999年～基準強化 （次世代省エネ基準）	・2012年～省エネ基準改正 （建材トップランナー制度の導入）
					・2009年～ （住宅トップランナー制度の導入）
省エネ性能の表示、情報提供				・2000年～住宅の品質確保の促進に関する法律 （住宅性能表示制度）	
				・2001年～建築環境総合性能評価システム（CASBEE）	
					・2009年～省エネ法（住宅省エネラベル）

出典：経済産業省、"住宅・建築物の低炭素化に関する状況と対策ついて"、資料3を参考に作成

(b) 我が国の省エネ基準における年間冷暖房負荷の推移

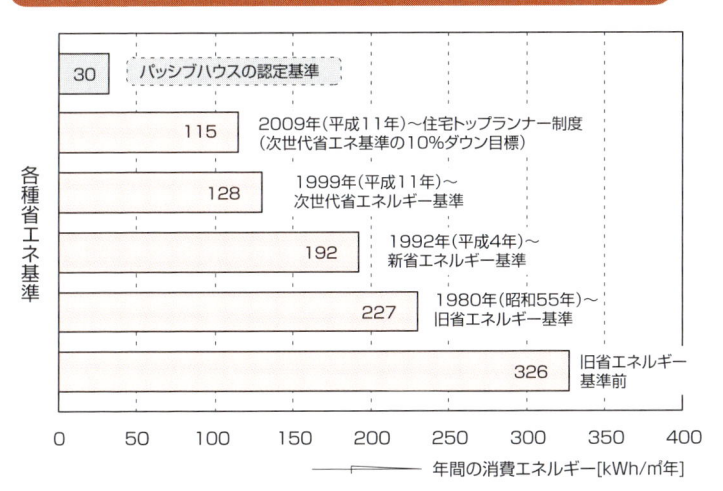

各種省エネ基準（年間の消費エネルギー [kWh/m²年]）：

- 30：パッシブハウスの認定基準
- 115：2009年（平成11年）～住宅トップランナー制度（次世代省エネ基準の10%ダウン目標）
- 128：1999年（平成11年）～次世代省エネルギー基準
- 192：1992年（平成4年）～新省エネルギー基準
- 227：1980年（昭和55年）～旧省エネルギー基準
- 326：旧省エネルギー基準前

出典：経済産業省・国土交通省、平成21年告示改訂資料を参考に作成

用語解説

トップランナー制度：省エネ法で指定する特定機器の省エネルギー基準を、各々の機器において、基準設定時に商品化されている製品のうち"最も省エネ性能が優れている機器（トップランナー）"の性能以上に設定する制度！

BEMS：BEMSとは Building and Energy Management System の略で、ビル管理システムのことをさします。ビルの機器・設備等の運転管理によってエネルギー消費量の削減を図るためのシステムです！　また、BEEMS（Building Environment and Energy Management System）、HEMS（Home Energy Management system）と類似語！

CASBEE：Comprehensive Assessment System for Built Environment Efficiency の略で、建築環境総合性能評価システムのことです！

Column ❸

地下室の活用！
（住居空間が150％に！）

地下室での居住は原則的に禁止されていますが（建築基準法30条）、衛生上支障がない場合は住居として使用可能になります。衛生上支障がないとは、採光や換気の確保、火気使用の制限、避難経路の確保、結露対策、排水措置等が工夫されて生活に支障がないことです。

従来の地下室は、食料やワインの貯蔵庫、または、物置場位にしか考えられていませんでしたが、最近は、構造が強固で密閉性が良いことから外気の影響を受けにくく、温熱環境の管理が容易で遮音性や防震動性の高いことが見直され、地下室を住居に活用する住宅が増えてきています。その理由は、前述した衛生上の工夫が容易になったことと建築基準法を守れば、地下室は延床面積の1／3までが延床面積に含まれないようになったからです。つまり、容積率（敷地面積に対する建物の延床面積の割合）が100％まで建てられる敷地を100㎡購入して2階建ての家を建てるとします。例えば、1階が50㎡、2階が50㎡、さらに地下に最大50㎡までの住居が設けられ、合計150％の生活空間を得ることができるのです。

建築基準法における地下室の定義は、"床が地盤面下で、その床面から地盤面までの高さがその階の天井の高さの1／3以上のもの"（建築基準法施行令第1条第2号）。また、"地盤面から地下室の天井が地上1メートル以下にある場合、容積率に算入しない"（建築基準法施行令 第2条第2号）。つまり、この2つの条項を守り、衛生上支障ない環境等であれば地下室が住居空間になるのです。

地下室は外気との断熱性、および、気密性の高い空間なので冷暖房に対して省エネ性に優れた住宅になり、国土の狭い我が国にとっては最適なエコハウスの一つの形態になるのではないでしょうか？

容積率：100％ 住居空間：150㎡	容積率：100％ 住居空間：100㎡
居住空間 50㎡ 居住空間 50㎡ 天井 地下室 50㎡ 床 H 1m以下 H／3以上 地盤面	居住空間 50㎡ 居住空間 50㎡
(a)地下室付き2階建て住宅	(b)2階建て住宅

第4章
自然と知恵、工夫されてきた エコハウス

● 第4章 自然と知恵、工夫されてきたエコハウス

36 ヒノキによるエコハウス！

ヒノキの力で生きる家！

昔からヒノキの家を建てたい、または、ヒノキ風呂に入りたいなどの話しがあります。このいわれを見てみましょう！

ヒノキは、針葉樹の仲間で（図(a)参照）、スギに比べて成長が遅く、条件の悪い所で育ちます。このために、ヒノキの持つ精油成分（フィトンチッド）による害虫対策（抗菌効果）等、育つ過程において自衛手段を持つ樹木です。この成分によって香りが他の樹木に比べ、高いと言う特徴をもっています（図(b)参照）。

一般に精油成分は、樹木の光合成によって作られます。つまり、葉の気孔から二酸化炭素を取り入れ、根から水を吸い上げ、葉緑素の働きと太陽の光エネルギーを利用して炭水化物（ブドウ糖）を作り、酸素を放出します。このブドウ糖をベースにして二次的ないろいろな成分を作り出し（図(c)参照）、この成分中のフィトンチッドが精油成分になります。この樹木の精油成分は、一樹木に十種類以上ありますが、樹木によって含有量が異なり、ヒノキの匂い、スギの木の匂いと言うように樹木それぞれ特有の香りになります。

ヒノキの匂いは、人にリラックス、つまり、精神的安定感を与えるために家や風呂の木材として用いられるのです。

ところで、ヒノキの抗菌効果は、湿潤（しめりけが多い）状態においてもカビにくく、腐りにくい効用を持ちますので、家の素材として十分な耐久性を持った木材になります。

このヒノキは、200年位経つと強度が最も強くなり、この後、次第に強度が弱わってくるものと推測され、1000年以上の耐久性があると言われています（図(d)参照）。その証は、世界遺産の法隆寺であり、建立から1000年以上経っても健在な世界最古の木造建築です（図(e)参照）。この寿命からみてもヒノキによる建築物は、典型的なエコハウスと言えるのでしょう！

要点BOX
● ヒノキは、その中の精油成分（フィトンチッド）によって、人にリラックス（精神的安定）を与え、良い香りを放つエコハウスに適した木材です！

(a) 針葉樹木材の特徴ってなぁーに?

木材名称	特徴	用途
ヒノキ（檜/桧）	水に強い! 光沢がある! 寸法の狂いが少ない! 加工性が良い! 特有の香りがある!	建築、家具、器具、船舶、彫刻、社寺など
スギ（杉）	軽く、柔らかで加工性が良い! 特有の香りがある! 乾燥が速い!	建築、家具、器具、建具、船舶、樽、桶、はし、土木など
アカマツ（赤松）	油性が多く、手入れすると飴色になる! 重く、硬く、加工はそこそこである!	建築、建材、器具、船舶、土木、パルプなど
カラマツ（唐松）	割れやすく、仕上げがし難い! ヤニが強い! 重く、硬く、加工はそこそこである!	建築、土木、船舶、パルプなど
ベイマツ（米松）	スギとマツの中間材質で、油気が多い! 木目は直線で、木肌は粗い! 重く、硬く、耐朽性、保存性は高い! 加工は容易、仕上げはそこそこである!	建築、合板、船舶、土木、パルプ包装など

(b) 針葉樹の精油含量はどのくらい?

<注>
乾葉100gあたりの精油含有量

木材名称	精油含量
ヒノキ	4.0ml
ニオイヒバ	4.0ml
サワラ	1.4ml
カラマツ	0.3ml
アカマツ	0.2ml
ツガ	0.8ml
スギ	3.1ml
コウヤマキ	0.7ml
キャラボク	0.2ml
イチョウ	0.4ml

出典：谷田貝 光克,"森林の不思議"、現代書林、1995年11月, p.43

(c) 精油成分はどのようにして作られるの?

光エネルギー
二酸化炭素
葉緑素
光合成
炭水化物（ブドウ糖）
酸素
＜微量成分＞（抽出成分）
フィトンチッド
＜主要成分＞
セルロース
ヘミセルロース
リグニン
水

(e) ヒノキによる建造物・法隆寺

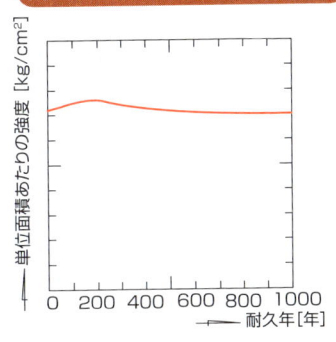

(d) ヒノキ木材の寿命はどのくらいあるの?

単位面積あたりの強度 [kg/cm²]
耐久年 [年]
0　200　400　600　800　1000

用語解説

葉緑素：葉緑素とは、クロロフィル（Chlorophyll）とも呼ばれ、植物に含まれる要素で、太陽の光エネルギーを効率よく吸収して化学エネルギーへ変換する働きのある物質で、植物の呼吸や成長などの代謝機能に欠かせない要素を造り出すものです!

炭水化物：炭水化物は主に植物の光合成で造られ、地球上で最も多く存在する有機化合物で、広義には糖類、あるいは、糖質とも呼ばれ、生物にとってきわめて重要な物質のことです。炭水化物は、炭素、水素、酸素の3種の元素からなり、一般に、化学式$Cm(H_2O)n$として表せますので、あたかも炭素と水の分子（H_2O）からなっているように見えますので、炭水化物と呼ばれるのです!

ブドウ糖：ブドウ糖とは、三大栄養素（炭水化物、たんぱく質、脂肪）の一つで自然界に最も多く存在する有機化合物で、植物では熟した果実中に多く含まれます。特に、ブドウに多く含まれるところからブドウ糖と呼ばれ、別名、グルコース（glucose）とも呼ばれます。

●第4章　自然と知恵、工夫されてきたエコハウス

37 わら、い草を用いた畳床のエコハウス！

わら、い草による畳で癒される家！

わら、い草（藺草）は昔より森林のにおい（フィトンチッド成分）を香らせ、また、弾力性、水分制御性、断熱性などがあり、重宝な素材として利用されてきました。中でも日本の住居に欠かせないのが畳床です。

わら、い草の違いは、わらの断面をみると茎内部の空気孔が大きく、ストロー状になっており、空気を保つ構造になっています。一方、い草の断面をみると茎内部の空気孔が小さく、ハニカム構造（蜂の巣）になっており、しかも内部はフカフカしたスポンジ状の繊維束（かんそく）になっています（図(a)参照）。

この2種の天然素材を生かしたのが日本の風土、気候にあった畳や敷物です。日本の畳にわらやい草が利用されるのには次のような効能があるからです。

① 一つ目には、湿気（水分）の吸着力があります。わら、い草は、茎内部に空気孔を持ち、空気との接触面積（表面積）が大きいために湿気（水分）を吸着します。また、乾燥時には湿気（水分）を放出します。特に、い草は綿、ポリエステル綿、木質ボードなどに比べて湿気（水分）の吸着力が高い材料です（図(b)参照）。

② 二つ目には、化学物質を吸着することです。最近、シックハウス症候群（Sick House Syndrome：室内空気汚染）として話題になった合成材などに含まれるホルムアルデヒド（化学物質）がいあります。そのホルムアルデヒド成分をい草によって吸着しますと、2時間程で残存率約30％へ低減できます（図(c)参照）。また、二酸化窒素（NO_2）に対しても高い吸着力を持っています（図(d)参照）。

③ 三つ目には、フィトンチッド成分による癒しや安らぎを与える香りがあることです。

このように、わら、い草を床材（畳）に用いれば、わら、い草の吸放湿性（湿調作用）、化学物質吸着性（空気洗浄作用）、および、芳香作用等によって快適なパッシブなエコハウスになります（図(e)参照）。

要点BOX
●わら、い草を床材（畳）に用いれば、その吸放湿性、化学物質吸着性、および、芳香作用等によって快適なパッシブなエコハウスになります！

(a) わらとい草の断面構造（イメージ構造）

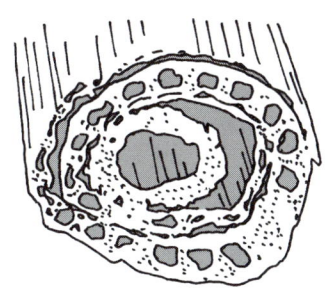

(i) わらの断面図
わらは、茎内部の空気孔が大きく、ストロー状になっており、空気を保つ構造になっています！

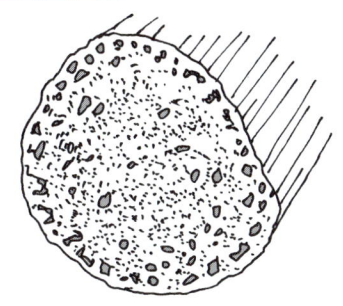

(ii) い草の断面図
い草は、茎内部の空気孔が小さく、ハニカム構造で、フカフカしたスポンジ状の維管束になっています！

(b) い草の吸湿特性

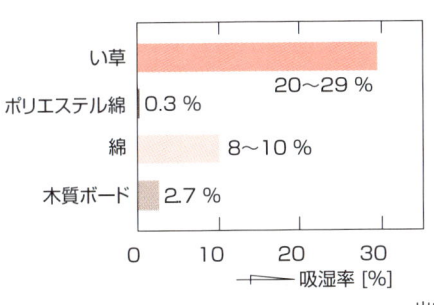

	吸湿率 [%]
い草	20～29 %
ポリエステル綿	0.3 %
綿	8～10 %
木質ボード	2.7 %

(c) い草のホルムアルデヒド吸着特性

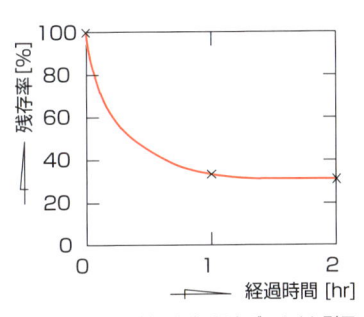

（残存率[%] vs 経過時間[hr]のグラフ：0hrで100%、1hrで約33%、2hrで約32%）

出典：東京大学工学部　西村研究室、研究データより引用

(d) い草の二酸化窒素吸着特性

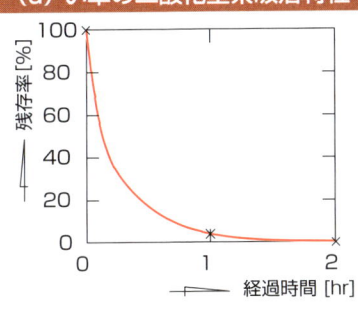

（残存率[%] vs 経過時間[hr]のグラフ：0hrで100%、1hrで約5%、2hrで約0%）

出典：東京大学工学部　西村研究室、研究データより引用

(e) わら、い草を用いた畳の効用

抗菌／保温／空気洗浄／除湿／断熱／防音／マイナスイオン／リラックス

用語解説

フィトンチッド (phytoncide)：フィトンチッド とは、樹木等が光合成によって作る精油成分（化学物質）で、樹木等が傷つけられた際に放出して回復する力や、香りの成分を持ち、癒しや安らぎを与える効果があります（36項参照）！

維管束（いかんそく）：シダ植物、種子植物の体を貫いている細長い構造で、光合成による有機養分の通る篩管（篩部）と根からの無機養分（水や養分等）の通る道管（木部）から成ります。

38 炭による癒しのあるエコハウス！

炭パワーで癒される家！

昔より燃料として使用されてきた炭！この炭には、①洗浄作用、②湿気調整作用、③防腐作用、④電磁波影響低減作用、⑤マイナスイオン発生作用などがあり、最近、環境改善や健康維持等の理由から各応用例が報じられています。

この炭には、木材からできる"白炭"、"黒炭"、竹から作られる"竹炭"があり（図(a)参照）、この他に、オガ炭などいろいろな炭があります。ここで、白炭と黒炭との違いは、白炭が1000℃前後、黒炭が400～700℃の炭化温度で造られ、前者は堅く、火つきが良くないが火持ちの良い炭です。一方、後者は柔らかく、火つきが良く早く燃える炭です。原料を酸素の少ない、あるいは、酸素のない窯で加熱すると炭化し、小さな結晶が不規則な塊、つまり、ハニカム構造の多孔質の塊になります（図(b)参照）。この多孔質構造のために木炭の表面積は200～400m²/g前後と広く、このために湿気の吸収（図(c)参照）。

お風呂に入れますと水のカルキ臭が低減し、ミネラル成分が溶け出し、身体にリラックスな良い効果を与え、また、炊飯時に白炭を入れますと水質向上の他にミネラル成分が溶け出し、米のアミラーゼに作用して美味しいご飯ができるなど炭の効用が多岐にわたります。

なお、白炭（700g／200ℓ）と室内の空気洗浄（脱臭効果）、湿気調整、電磁波影響低減、防腐効果等、炭による癒しのエコハウスが実現します。

このように、木炭の多孔質構造による広い表面積、木材の持つミネラル成分、導電性、およびマイナスイオン等の作用からリビングルーム等に炭を置きます中でも、白炭は導電性があるので電気製品からの電磁波低減作用があると考えられています。

臭いの吸着等に用いられ、また、ミネラル成分（カリウム、カルシウム、ナトリウム、マグネシウム等）を持っていますのでリラックスな芳香剤などに応用されます。

要点BOX
●炭には、洗浄、湿気調整、防腐、電磁波影響低減、マイナスイオン発生作用などがあるために炭を利用すると癒されたエコハウスになります！

(a) 代表的な炭のいろいろ

(i) 白炭
1000℃前後の高温で炭化させた炭で、堅く、叩くとカンカンと音がする！ 火つきは良くない！ 白炭の代表は、ウバメガシから作る備長炭！

(ii) 黒炭
400〜700℃の低温で炭化させた炭で、やわらかく、火つきが良い！ 黒炭の代表は、クヌギ炭！

(iii) 竹炭
モウソウ竹から作られ、ひじょうに堅く、発熱量が高く(燃料として最適)、ミクロ孔が多いので水の洗浄や脱臭等に優れ、またミネラル分が多いので入浴剤にも適し、土壌改良にも適す！

(b) 木炭の断面と細孔構造（イメージ構造）

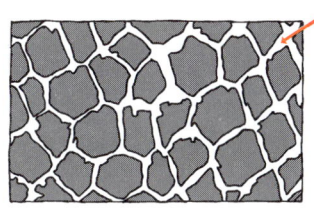

(i) 木炭の断面（ヒノキ炭） — マクロ孔

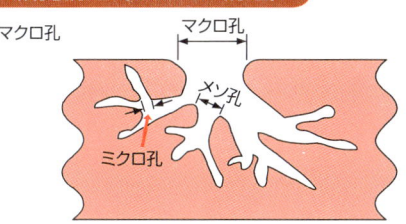

(ii) 木炭の細孔構造（イメージ図） — マクロ孔、メソ孔、ミクロ孔

出典：立本 英機，"おもしろい 炭のはなし"，日刊工業新聞社，pp. 36-45，2000年12月25日

(c) 木炭のいろいろな応用

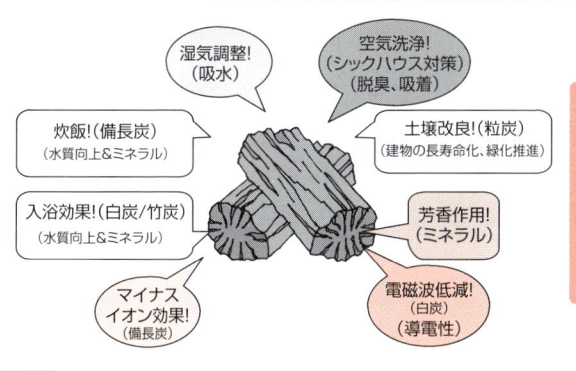

- 湿気調整！（吸水）
- 空気洗浄！（シックハウス対策）（脱臭、吸着）
- 炊飯！（備長炭）（水質向上＆ミネラル）
- 土壌改良！（粒炭）（建物の長寿命化、緑化推進）
- 入浴効果！（白炭/竹炭）（水質向上＆ミネラル）
- 芳香作用！（ミネラル）
- マイナスイオン効果！（備長炭）
- 電磁波低減！（白炭）（導電性）

炭の使い方：洗剤を使わず、タワシで水洗いし、鍋に水を入れて10〜20分位煮沸！ その後、風通しの良い日陰で1〜2日間乾燥！ 保管は、通気性の良いポリ袋に入れ、日陰で保管！

用語解説

炭化：炭素化合物を主成分とする木材を酸素を遮断、あるいは、少ない状態で加熱すると、炭素化合物の分解が起こり、揮発性の低い固体の炭素分が比較的多く残ります。この現象を炭化（たんか）と呼びます！

ハニカム構造(honeycomb structure)：ハニカム(honeycomb)とは英語で「蜂の巣」の意味であり、ハニカム構造とは正六角形、または、正六角柱を隙間なく並べた構造をさします。

カルキ臭：カルキ臭とは、水につく異常な臭いや味を異臭味にすることをさし、水源が汚染されてアンモニア性窒素が増え、これに消毒用の塩素と反応してトリクロラミンという物質ができ、刺激臭になることをさします。

アミラーゼ(amylase)：デンプン（緑色植物に存在する多糖で、エネルギーを貯蔵する役割を持つ）を加水分解（水によって化合物が分解される化学反応すること）する酵素の総称です。

39 打ち水による涼しいエコハウス！

気化熱の力は涼しい！

昔より暑い夏の日には、庭や道路に水を撒き、その涼しさで暑さをしのぎました。これが"打ち水"による涼風ですが、どんな現象で涼しくなるのでしょうか？

庭や道路に水を撒きますと、水が庭や道路の熱を奪って気化（蒸発）しますので周囲の温度が下がることになります。しかし、水の量が不足しますと庭や道路の温度は下がりません（焼け石に水）。これは、庭や道路の熱を下げる分の水が足りないことからきています。一般に、昼間の灼熱の太陽下での打ち水は、水の量が不足しますので、"打ち水"の効果が少なく、夕方での"打ち水"に効果があるようです（図a参照）。

身近な話としては、①熱いラーメンを食べる時、息を吹きかけて食べると食べやすくなるのは、ラーメン蕎麦に絡まった汁に含まれる水分が気化し、ラーメンの温度を下げるので食べやすくなるのです。また、②冬、お風呂から出たばかりで身体を濡れたままにしますと、身体に付いた水分が身体の熱を奪って気化するから寒くなるのです（図b参照）。

水の分子には動きの遅い分子と速い分子があり、水の表面付近にやってきた動きの速い分子は、周りの分子の引力を振り切って水の表面から外へ出ていきます。このように、液体から気体に変わることを"気化（蒸発）"と呼びます。特に、外から熱を貰うと気化（蒸発）が起こりやすくなります。つまり、周囲の熱を貰い、動きの速い分子は気体になります。

この気化（蒸発）熱を利用したのが、"打ち水による涼風"なのです。この"打ち水による涼風"を用いた冷やす方式には、①屋根への打ち水、②庭、道路への打ち水、③霧噴射（ミストシャワー）付き扇風機、④首や腕等に巻くクールタオル（布）などがあります（図c参照）。

要点BOX
● "打ち水"による涼風は水の気化熱を利用したもので、動きの速い水の分子が、周囲の熱を奪い水が蒸発し、周囲の温度を下げる方法です！

(a) 打ち水とその効果

データ出典：打ち水プロジェクト 2012、結果報告書、打ち水プロジェクト実行委員会、2012年7月27日(金)〜8月31日(金)

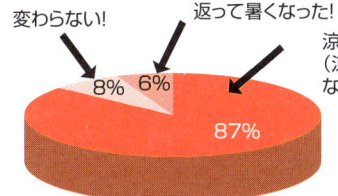

- 変わらない！ 8%
- 返って暑くなった！ 6%
- 涼しくなった！（涼しい気分になったを含む！） 87%

東京23区の約265km²に対して「打ち水冷却」を行うと、2〜2.5℃の温度低下になります！　ただし、気象条件や土地利用状況によって異なります！

コメント出典：水工学論文集、第48巻、「打ち水の効果に関する社会実験と数値計算を用いた検証」、2004年2月

(i) 打ち水の効果

(ii) 打ち水を行う人！

(b) 気化(蒸発)熱とは？

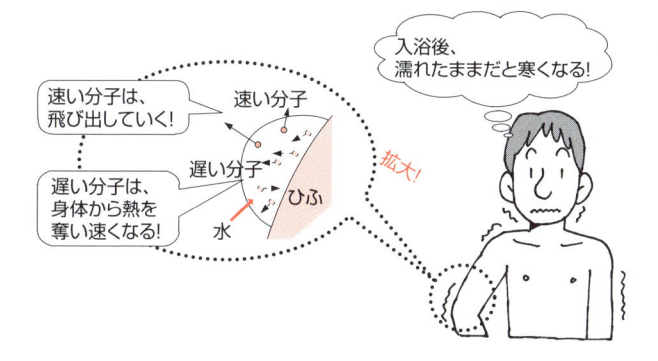

- 速い分子は、飛び出していく！
- 速い分子
- 遅い分子
- 遅い分子は、身体から熱を奪い速くなる！
- 水
- ひふ
- 拡大！

入浴後、濡れたままだと寒くなる！

(c) 打ち水方式の冷やし方のいろいろ

蒸発
気化熱

(i) 庭や道路に打ち水を！　　(ii) 霧噴射付き扇風機　　(iii) クールタオル(布)

用語解説

気化熱(Heat of Vaporization)：気化熱とは、蒸発熱(Heat of Evaporation)とも呼ばれ、液体が気体に変わる時に周囲から吸収する熱のことをさします！
ミスト(Mist)：ミストとは、霧のことです！

40 屋根への打ち水による涼しい我が家！

特別寄稿・川崎市地球温暖化防止推進員・宮寺 貞文氏

日本古来より夏に涼風を求めて庭や道路への打ち水が行われてきました(39項参照)。この打ち水を屋根に行うと気化(蒸発)熱で屋根の温度が下がり、しかも、屋根からの蓄熱が少なくなり、室内が涼しくなります。この屋根への打ち水には、スプリンクラーや散水ホース等を用いる方式がありますが、今回は市販の散水チューブ(長さ：10m、散水距離：1～3m)を用い、屋根のカバーに合わせて取付金具をアルミニウム板で自作しました(図(a)参照)。

屋根上の取付金具は、屋根の大きさに依存しますが、今回は10箇所(金具20個)取り付けました(図(b)参照)。

打ち水の水源は、雨水を溜めてポンプ等で汲み上げて給水するのが好ましく(雨水システム)、また、屋根上に温度計を設置し、温度を検知してパソコン等で給水制御すれば、より省エネルギー化すると思いますが、製作日数と費用等から家庭用の水道水を使用し、パソコン制御はしておりません。

今回の試みでは、屋根上での温度センサーを設置していないために室内の温度をみて給水をマニュアル制御し、夏(7月～9月)における電力使用量を前年度と比べてみました。その結果、約17％の節電になりました。なお、前年度との違いは屋根への打ち水システム導入の他に家電の買い替えもありましたので節電の効果は少ないかもしれません。また、水道料は若干、上がる欠点があります。今後は、①打ち水の水源を雨水に代えること(41項参照)、②温度を検知してのパソコン等での給水制御(図(c)参照)などです。

終わりに、日本一暑いと言われている熊谷駅にミストシャワーが設置され、効果があるようですので(図(d)参照)、ミストシャワー併用の屋根打ち水システムも効果大と思われます。

要点BOX
●自作による"屋根への打ち水システム"を製作した結果、前年度との電力使用量を比較すると約17％の節電になりました！

(a) 屋根への打ち水システム(イメージ図)

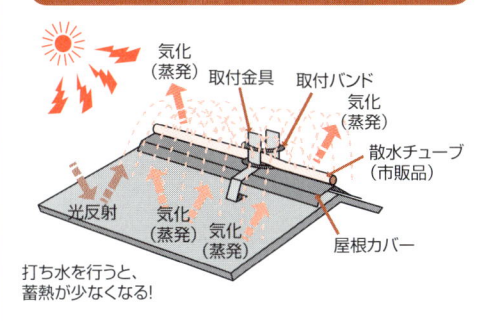

気化(蒸発)　取付金具　取付バンド　気化(蒸発)　散水チューブ(市販品)　光反射　気化(蒸発)　気化(蒸発)　屋根カバー

打ち水を行うと、蓄熱が少なくなる!

(b) 屋根への打ち水システム写真

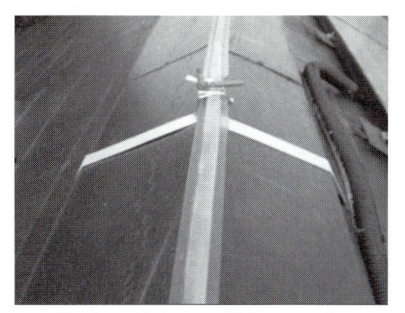

(i) 取り付けられた散水チューブ

(ii) 屋根への打ち水試運転中

(c) 屋根への打ち水パソコン制御システム

パソコン制御 → 屋根上の温度検知 → 散水! → 給水バルブコントロール

(d) 熊谷駅でのミストシャワー

(i) 駅ビルのミストシャワー　　(ii) 駅前のミストシャワー

用語解説

雨水システム：雨水システムとは雨水を溜めて、その雨水を打ち水やトイレ洗浄などに用いるシステムで、この本では"雨水システム"と呼称しました! なお、昔は"天水桶"と呼ばれていたようです!

● 第4章　自然と知恵、工夫されてきたエコハウス

41 雨水利用の給水システムをもつエコハウス！

トイレ洗浄、屋根打ち水などを雨水システムで！

江戸時代頃から防火用水として天水桶（てんすいおけ）と呼ばれる"雨水を利用した消火システム"があります（図a参照）。この天水桶の考え方を応用したのが雨水を利用した給水システム（以降、"雨水システム"と呼称）です。一般家庭における水の利用率を見てみますと、"トイレ洗浄"、"風呂使用"が大半を占めます（図b参照）。これらの応用に雨水システムの一例を見てみましょう！

雨水システムは、屋根に降った雨水をトイ（樋）から集水し（集水器）、初期雨水カットタンク（ろ過＆沈殿槽）へ送り込みます。この初期雨水カットタンクでは、大気中や屋根の汚れ等を除去します。この初期雨水カットタンクが一杯になりますと、雨水は貯水タンクへ送り込まれます。この貯水タンクが一杯になりますと、オーバーフロー管から雨水がタンクの外へ排出されます。一方、貯水タンクが空になりますと上水道で補給します。このような雨水システムで溜められた雨水（＋上水）は、必要な箇所へポンプによって送り込まれ、トイレ洗浄や屋根への打ち水等に利用されます（図c参照）。

貯水される雨水量は、大まかですが屋根の面積が100㎡、降雨量が10㎜ですと約1000ℓ（1トン）溜まることになります（実際は×0.8位か？）。また、トイレ等の使用量も考慮すると貯水タンクは少なくとも500〜1000ℓ以上が必要かと思われます。また、初期雨水カットタンクは、ゴミ等を除去するために雨の降り始めから降雨量約1㎜位（100ℓ相当）を捨てることが望ましいと思われます。

以上のように、天水桶の現代版"雨水システム"を見てきましたが、タンク内の雑菌や藻の発生などがありますのでタンクの定期的な清掃が必要と思われます。また、タンクの大きさ等を含め、関連する業者との話し合いが重要に思われます。

要点BOX
● 雨水システムは屋根に降った雨水をトイから集水し、貯水タンクへ送り、ポンプ等でトイレ洗浄や屋根への打ち水等に使用するシステムです！

(a) 天水桶の一例

浅草寺　天水桶 　　　横浜　曹洞宗・本覚寺　天水尊

(b) 家庭での水の使われ方

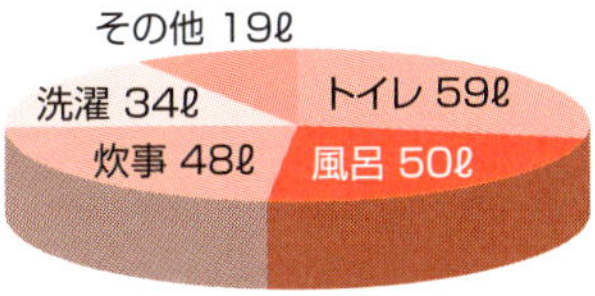

その他 19ℓ
洗濯 34ℓ
炊事 48ℓ
トイレ 59ℓ
風呂 50ℓ

出典："平成21年度生活用水等実態調査、および、平成18年度一般家庭水使用目的別実態調査"、東京都水道局

(c) 雨水を利用した給水システムの一例

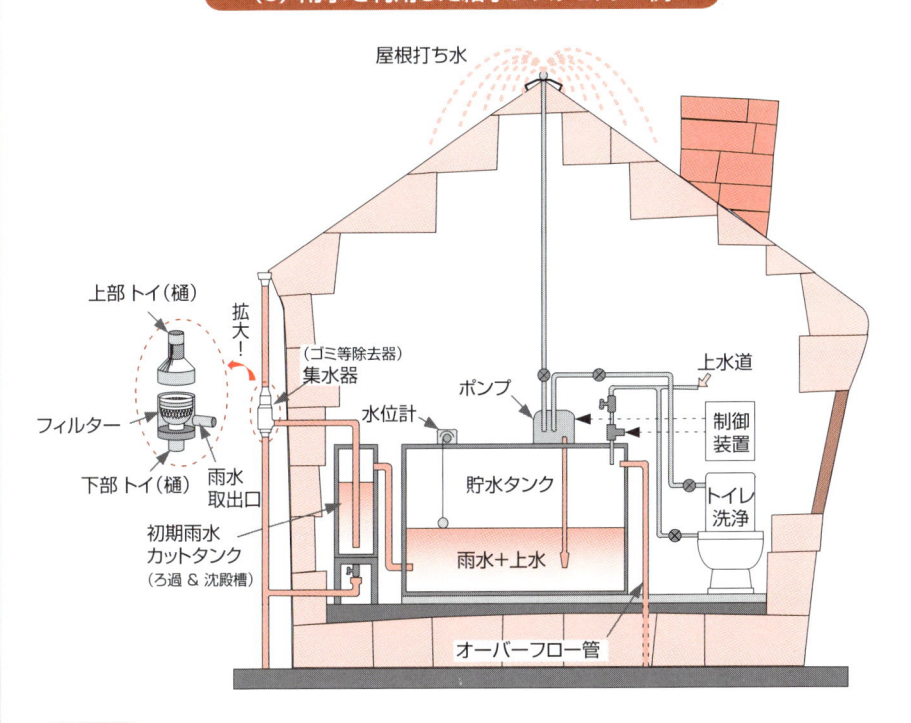

屋根打ち水

上部トイ（樋）
フィルター
下部トイ（樋）
雨水取出口
（ゴミ等除去器）集水器
初期雨水カットタンク（ろ過 & 沈殿槽）
水位計
ポンプ
貯水タンク
雨水＋上水
オーバーフロー管
上水道
制御装置
トイレ洗浄

用語解説

天水桶（てんすいおけ：rain barrel）：天水桶とは、"天水"とも呼ばれ、江戸時代、雨水（あまみず：天水）を雨樋（あまどい）などから引き、防火用に雨水を溜めておいた桶（おけ）のことです！　一般化したのは、寛政（1789～1801）年以降といわれ、屋根の上、家の軒先、町の辻角（つじかど）などに常置されていました。桶の大きさは、置かれる場所によって大小あり、町辻などには約六石（約108リットル）程度の水が入る大桶が置かれ、その上には手桶を積んで、直ぐに使用できるようにしてあったようです！

42 ルーフシートによる涼しいエコハウス！

ルーフシートによる夏・涼しい家！

夏における家の室温は、太陽からの熱が屋根を焼け込み、窓からの光照射などによって急上昇し、大変住みにくくなります。そこで、打ち水や屋上緑化庭園などの対策がとられますが、もっと簡単な方法がシートによるエコハウスです。それは、ポリエステル製メッシュ素材にmasa™加工、つまり、スパッタ装置などでステンレス等の金属を蒸着した（約数十nm）ルーフシートを用いる方法です（図(a)参照）。用いるシートは、遮光率が高く、しかも金属をコーティングしていますので太陽光を反射して屋根の熱上昇を防ぎます。ここで、シートを用いる屋根は折板鋼板を用いたV型屋根になります。このような構造のために屋根とシートとの間に空間ができますので、この空間にある空気層によって熱伝導を下げさせ、周囲からの風の流れで空気層の熱を放出させます。したがって、屋根の下にある部屋は、涼しい状態におかれます（図(b)(c)参照）。

このように、特殊加工したポリエステル製メッシュ素材によるルーフシートを用いたエコハウスは、夏における温度上昇に対する対策が電気エネルギーを用いませんので典型的な省エネルギーハウスになります。なお、この方式は屋根への荷重は少ないのですが、シートが軽量のために屋根への風力への配慮などが必要になります。

最近、ルーフシートに似た方法がニュースで伝えられました。空き缶による方法、つまり、空き缶を屋根に並べた方法がニュースで伝えられました。空き缶によるエコハウスは、空き缶の表面で太陽光を反射させ、空き缶の空洞にある熱空気を風で放出させる方法です。しかし、空き缶は、ルーフシートに比べて光を反射させる能力が低いこと、アルミ等の素材のために熱伝導率が高く、熱を伝えやすいこと、空き缶の空洞の熱空気を放出させる経路が狭く空気層の熱を放出しにくいこと等からシートのような効果が期待できません。しかし、直射光を遮るために多少の効果が望めるものと思われます。

要点BOX
- ルーフシートをV型屋根に載せて太陽光を反射させ、シート・屋根間の空気層で熱伝導を下げ、空気層の熱を風で放出させて涼しくさせます！

(a) ルーフシートの造り方は？

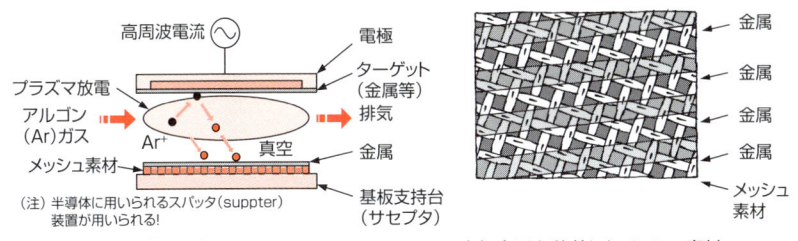

高周波電流　電極
プラズマ放電　ターゲット（金属等）
アルゴン（Ar）ガス　排気
Ar⁺　真空
メッシュ素材　金属
基板支持台（サセプタ）

(注) 半導体に用いられるスパッタ (suppter) 装置が用いられる！

(i) スパッタの原理

金属
金属
金属
金属
メッシュ素材

(ii) 金属を蒸着したメッシュ素材

出典： "(株)鈴寅®繊維へのナノ金属コーティング技術でオンリーワン、品質でナンバーワンを目指す染色・薄膜加工メーカー"、JETRO(日本貿易振興機構)、TTPP(Trade Tie-up Promotion Program)、2007年7月、http://www.jetro.go.jp/ttppoas/genki/suzutoraj.html ＆ 積水ナノコートテクノロジー(株)、http://www.sekisuinct.co.jp/technology/masa.html

(b) ルーフシートは、どのようにして温度上昇を防いでいるの？

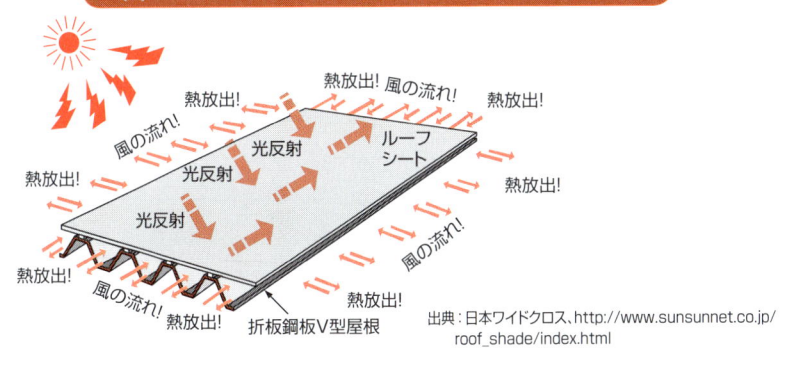

熱放出！　風の流れ！
光反射　ルーフシート
折板鋼板V型屋根

出典：日本ワイドクロス、http://www.sunsunnet.co.jp/roof_shade/index.html

(c) ルーフシートによる温度効果は？

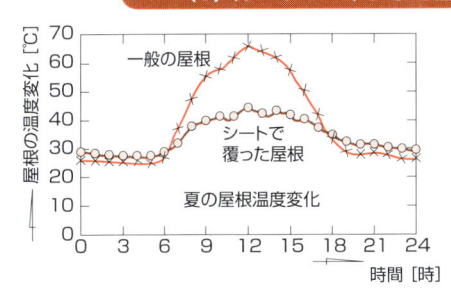

一般の屋根
シートで覆った屋根
夏の屋根温度変化

縦軸：屋根の温度変化 [℃]　横軸：時間 [時]

出典：(有)ハシマシート工業データ //www.hashima1010.co.jp/product/product10.html

用語解説

masa™加工：1975年、(株)鈴寅は繊維へのナノ金属コーティング加工技術を世界で初めて開発し、この技術でできた高機能繊維を"masa™"と命名、その名は染色技術部長兼開発責任者の名と社長の名に由来しています！

熱伝導率：物体の温度は、環境との温度差に比例して変化し、温度の高い方から低い方へと熱の流れが生じます。この時、分子同士の不規則な衝突と金属中の自由電子同士の衝突を通じて熱が伝わることを「熱伝導」と呼びます。また熱伝導率K[W／mK]は、厚さ1mの板の両端に1℃の温度差がある時、その板の1㎡を通して、1秒間に流れる熱量をさします(⑪～⑫項参照)。

43 屋根塗装による涼しいエコハウス！

反射・遮光によるクールな家！

日本は、亜熱帯から亜寒帯へと縦長に位置しています。夏は東南アジアの蒸し暑さ、冬は北欧なみの寒さ、そして、海には暖流と寒流が流れ、大陸からの影響を受けて四季が存在し、梅雨、秋雨等、多岐の気候を持ちます。このような日本の夏、特に、夏の蒸し暑さを少しでも低減するためにいろいろな方法が提案されていますが、屋根からの熱を遮断、つまり、太陽光を反射させて遮光する方法があります。この方法としては、①太陽光を反射させるシートを屋根に覆う方法（42項参照）と、②屋根に反射・遮光顔料などの入った塗装材を塗る方法（屋根塗装）とがありますが、前者については既に述べましたので、後者について見ていきます。

反射・遮光顔料は、液晶ディスプレイに用いる反射フィルムや拡散シートなどに含むものとほぼ同じ機能を持つ中空セラミックビーズや焼成顔料等を用います（図(a)参照）。

このような反射・遮光顔料を含む塗装を屋根に塗りますと、物体に熱を伝える赤外線領域の太陽光を反射させますので屋根への熱吸収が少なくなり、蓄える熱（蓄熱）も低減します。しかし、蓄熱は軽減されても存在しますので屋根裏と断熱材との間には空気層（通気層）を設け、蓄熱を放出する構造が必要になります（51＆52項参照）。このような構造をとりますと、室内の気温上昇が抑えられ、また、夜間の気温上昇も抑えられます（図(b)(c)参照）。

このように、太陽光を反射・遮光させて室内への気温上昇を抑えることのできる高反射塗料を屋根に塗り、屋根裏と断熱材との間に空気層（通気層）を設けますと夏の暑さをしのぐ対策として期待のできる有効な方法になると思われます。

> **要点BOX**
> ●太陽光の反射・遮蔽機能をもつ中空セラミックビーズや焼成顔料を含む高反射塗料を屋根に塗り熱吸収、蓄熱を抑える屋根塗装エコハウス！

（a）太陽光高反射塗料の断面模式図

出典：日本ペイント（株）、"太陽熱高反射塗料（遮熱塗料）について"、東京都講演会資料、2007年3月、

(i) 厚膜タイプ　　　(ii) 薄膜タイプ

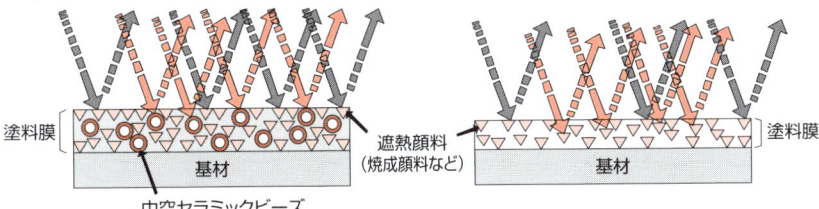

塗料膜／基材／中空セラミックビーズ／遮熱顔料（焼成顔料など）／塗料膜／基材

（b）遮光作用を持つ塗料の反射率特性

可視光線域／赤外線域

太陽光高反射塗装の反射率特性
一般塗装の反射率特性

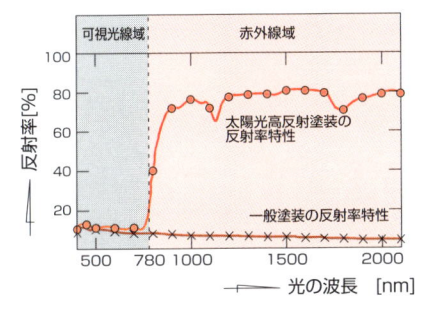

反射率［％］／光の波長［nm］

出典：日本ペイント（株）、"太陽熱高反射塗料（遮熱塗料）について"、東京都講演会資料、2007年3月、

（c）太陽光高反射塗料による温度低減効果

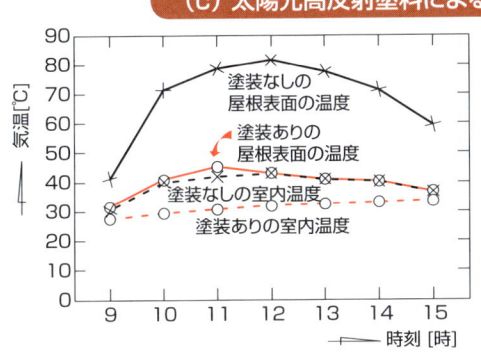

塗装なしの屋根表面の温度
塗装ありの屋根表面の温度
塗装なしの室内温度
塗装ありの室内温度

気温［℃］／時刻［時］

出典：遮熱塗料エコゴールド、（株）エコゴールド・データ
www1.tst.ne.jp/ecogold/product/ecogold.html

用語解説

セラミックビーズ（ceramic beads）：約1～2μmの膜厚に覆われた粒径35～80μm程度の球（金属酸化物を高温で熱処理することによって焼き固めた物質）で、球の中は真空のものと空気の入ったものがあり、真空のものは熱伝導率が小さく断熱性能が良い光反射球です！

焼成顔料：焼成顔料とは、複数の金属酸化物を混合焼成して得られる顔料（水などに溶けない有色不透明の粉末）をさします！

44 よしず、すだれによる涼しいエコハウス！

自然素材による涼しい家！

日本の住まいは、高温多湿の夏から人を守るために強烈な太陽光を遮る"かや葺き屋根の家(25項参照)"が利用され、太陽光、熱を直接室内に入らないように"よしず(葦簀)"や"すだれ(簾)"が利用されてきました。前者のよしずは、長さ3m程のよし(葦：あし)をシュロ糸で縦状に編んだもので家の吐き出し口、窓、出入口などにすだれのように立てかけて用います。後者のすだれは、竹を細かく割り、太さを揃えて綿糸で横状に編んだもので窓や廊下などにぶら下げて用います(図a参照)。

"よしず"に用いられるよし(葦：あし)は空洞になっており、維管束(b部分)とスポンジのような柔らかい細胞(p部分)から成っています。また、"すだれ"に用いる竹もあし(葦)に良く似ており、空洞で柔らかい細胞から成っています(図b参照)。これらの構造から吸水性が良く、空洞の空気により断熱性が良い特長を持ちますので"よしず"や"すだれ"が太陽の遮光と遮熱に用いられるのです。

特に、よし(葦：あし)から成る"よしず"は、表皮が竹のように厚くないので水の浸透性、吸水性が良く、"よしず"に打ち水を行いますと気化熱により"よしず"の温度が下がり、また、通気性の良いことも加わり、結果的に"よしず"のある窓、出入口などの温度が下がります(図c参照)。

このように夏、"よしず"や"すだれ"を用いますと、それらの遮光性、断熱性、および、通気性等が室内の温度を下げることになり、これらに打ち水を加えますと快適な夏のくらしを支えます。

要点BOX
●太陽光、熱が直接室内に入らないように"葦を用いたよしず(葦簀)"や"竹を用いたすだれ(簾)"が利用され、快適な夏のくらしを支えます！

(a) よしず、すだれの使い方一例

よしず(葦簀)
すだれ(簾)

(i) よしずの使用一例　　(ii) すだれの使用一例

(b) あし(葦)、竹の構造

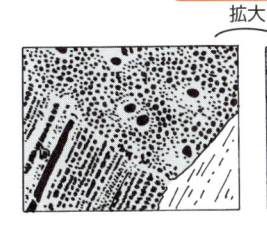

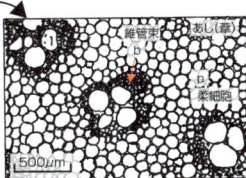

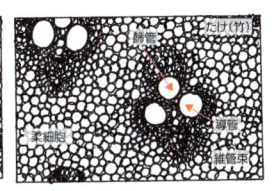

拡大

維管束
柔細胞
あし(葦)
500μm

篩管
柔細胞
導管
維管束
たけ(竹)

(i) あし(葦)の構造　　(ii) あし(葦)と竹の構造比較

出典：筑波大学、木質材料工学研究室データ、www.u.tsukuba.ac.jp/obataya.eiichi.fu/musician/1_02_structure.html

(c) よしず、打ち水よしずの効果

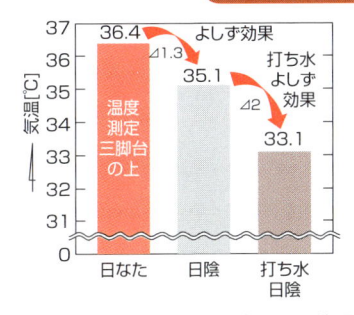

気温[℃]

36.4　よしず効果
△1.3
35.1
打ち水
よしず
効果
△2
33.1

温度測定三脚台の上

日なた　日陰　打ち水日陰

(i) 日なた、日陰、打ち水よしず効果

出典：中根　健太、"太陽熱をやっつけろ！"、碧南市役所教育部学校教育課、平成23年度優秀作品、優秀賞

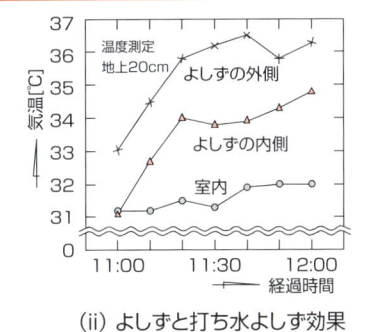

温度測定地上20cm
よしずの外側
よしずの内側
室内

11:00　11:30　12:00　経過時間

(ii) よしずと打ち水よしず効果

出典：石塚　万里奈、"私の家の夏の省エネ"、省エネ庁、平成18年度省エネコンクール、実践部門・優秀賞

用語解説

わら葺き屋根：茅(萱：かや、ススキ、チガヤなど)を材料にした屋根をさします！
シュロ糸：シュロからとった糸のことです。シュロは、ヤシ科の背が高くなる常緑の樹木で耐火性、耐潮性も併せ持つ強健な樹種です。
維管束(いかんそく)：シダ植物、種子植物の体を貫いている細長い構造で、光合成による有機養分の通る篩管(篩部)と根からの無機養分(水や養分等)の通る道管(木部)からなります(37項参照)。

●第4章　自然と知恵、工夫されてきたエコハウス

45 緑のカーテンによる涼しいエコハウス！

緑の力はヒートアイランド対策になる！

夏の厳しい暑さをしのぐために、"打ち水"、"よしず"、"すだれ"等を用いてきましたが、植物の葉の蒸散作用を利用する方法も各地で行われています。植物は、根からの水分と葉の気孔から取り込んだ二酸化炭素を光エネルギーによってデンプンと酸素を作り出します。この折に、根から葉へ運んだ水分が蒸発（気化）し、周囲から熱（気化熱）を奪うために周囲の温度が下がります。この蒸発作用を緑のカーテンに利用します。この"緑のカーテン"としては、ゴーヤ、ヘチマ、キュウリ、アサガオなどが挙げられます。

一般にゴーヤは、葉の切込みが深いためにソフトに日射しを遮り、また、茎が細いので風が吹くと葉が揺れ、自然的な涼風を感じさせ、多くの方に採用されています。一方、ヘチマは葉が大きく、重いので日射しを十分遮ってくれ、日陰を十分作りますが、暗くなる傾向があり、また、茎が太いので狭いスペースでの利用がうっとうしい感じになります。これら、ヘ

チマとゴーヤとの中間にあるのがキュウリです。また、花を咲かすアサガオは、心に爽やかさを与えてくれるカーテンになります（図(a)参照）。

アサガオによるカーテンの効果を見てみます。7月末14時において、アサガオ周辺での布の温度44℃、アサガオの葉の表面温度35℃、その温度差は9℃とアサガオの蒸発作用の働きがわかります。また、アサガオカーテンの裏側での水槽の水温30・5℃ですので、さらに、その温度差4・5℃、つまり、アサガオ周辺の布温度から見ると実に13・5℃の気温低下になります（図(b)参照）。

このように、"緑のカーテン"の気化熱利用の気温低減は快適なくらしを提供します。なお、ツタ系植物の代わりに夏に葉が生い茂り日陰を作り、冬に葉が落ちて日向を作る落葉樹をカーテン代わりにしますと樹木の光合成による二酸化炭素削減ができ、ヒートアイランド現象の対策にもなります（図(c)参照）。

要点BOX
●緑のカーテンは、根から葉へ運んだ水分が蒸発（気化）し、周囲から熱（気化熱）を奪い、温度を下げるために心地よい涼風をもたらします！

(a) アサガオによる緑のカーテン

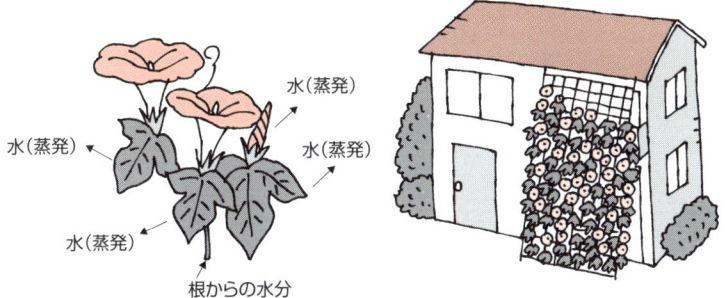

水（蒸発）
水（蒸発）
水（蒸発）
水（蒸発）
根からの水分

(i) アサガオの蒸散作用

(ii) アサガオによる緑のカーテン

(b) アサガオ・カーテンによる温度低減効果

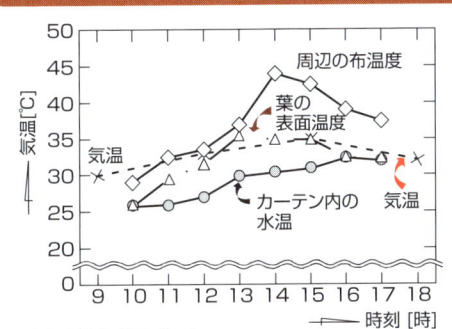

気温 [℃]

周辺の布温度
葉の表面温度
気温
カーテン内の水温
気温

時刻 [時]

出典：広島市植物公園データ
www.hiroshima-bot.jp/gardening/sagyou/.../asagao_kouka.pdf

(c) 落葉樹による緑のカーテン

78°
55°
34°

(i) 夏：木の葉で日射を遮る！

(ii) 冬：木の葉がなく、日当たりが良い！

用語解説

蒸散作用：光合成に使われなかった水は、葉にある気孔から外界に水蒸気になって放出されます。この作用を"蒸散作用（あるいは、蒸散）"と呼びます！

気孔：気孔は大部分が葉の裏側にあり、光合成による酸素や二酸化炭素を出し入れする孔であり（植物の呼吸）、また、水分の蒸散のための孔をさします！

46 屋上緑化庭園のエコハウス！

屋上庭園による癒しのある夏・涼しい家！

夏、水の力で家を冷やす打ち水方式は、水を多量に必要なことから経済的なエコハウスとは言えないかもしれません！一方、家の屋根（屋上）に緑化庭園を造り、夏に涼しい家にする方法があります。

この方法は、家の屋根に庭園を造りますので植物への放水（貯水）と排水、土を屋根に載せますので土の重量の問題、植物が育ちますので家を傷める問題などがあります。これらの問題を解決するように造られたのが"屋上緑化庭園"です（図a参照）。

この屋上緑化庭園は、次のような過程で造られます。

① 植物の成育による耐根対策と防水のためにFRP（繊維強化プラスチック）などによる耐根、防水シートを敷きます。次に、② 土壌が家に触れないように軽量のアルミなどのパネルを敷きます。さらに、③ 耐根対策と土壌の流出を防ぐために保護シートを貼ります。この後、④ 保護シートの上に植物への放水（貯水）と排水のために一定の水を確保しながら水を排水するための凹凸形状のボードを敷きます。ここで、⑤ 放水（貯水）された水の酸素が不足すると根が腐りますので酸素補給のためのホワイトロームを撒きます。次に、⑥ 植物を育てるために軽量化した人工の土壌を載せます（約数十cm）。終わりに、⑦ 植物に適当な水分を与えるために灌水用のパイプを敷きます。

このようにして造られた屋上緑化庭園は、太陽からの直射熱を遮断し、焼け込み、照り返しの防止。また、土壌の断熱効果、植物の蒸散効果、および、植物による気化熱効果などにより家の中は涼しい快適な室温になります（図b参照）。しかも、屋上は緑化庭園ですので大気の洗浄がなされ、"癒しの空間"が作られ、人間にとって"やさしいエコハウス"になります（図c参照）。なお、この方式によるエコハウスは、屋根に荷重がかかりますので建物の荷重設定に十分な注意が必要になります。

要点BOX
● 屋上緑化庭園は直射光を遮断し、土壌の断熱効果、土に含まれる水の気化熱効果、植物の蒸散と日陰効果等により快適なハウスになります！

(a) 屋上緑化庭園の構造とは？

① 耐根、耐水シート
② アルミ製パネル
③ 保護シート
④ 凹凸ボード
⑤ ホワイトローム
⑥ 人工土壌
⑦ 灌水用パイプ
人工池

出典：東邦レオ(株)、屋上庭園システム - エコフィールド
http://www.ecogarden.jp/knowledge/ecofield.html

(b) 屋上緑化庭園の温度効果は？

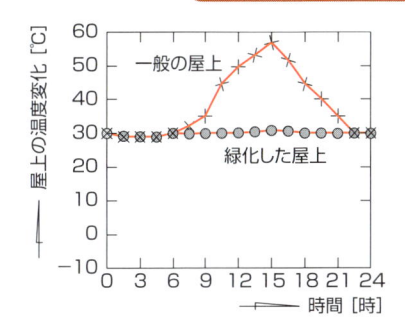

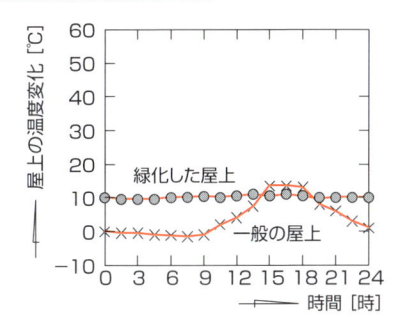

(i) 夏の屋上温度変化　　　　(ii) 冬の屋上温度変化

一般の屋上／緑化した屋上

出典：(財) 都市緑化技術開発機構データ

(c) 屋上緑化庭園の一例

(i) 屋上緑化庭園　　　　(ii) 屋上緑化庭園の花

用語解説

FRP：FRP（繊維強化プラスチック）とは、Fiberglass Reinforced Plasticsの略で、液状不飽和プラスチック樹脂に硬化剤を加えて混合し、ガラス繊維などの補強材を入れて強度を向上させた複合材料です！

ホワイトローム：ホワイトロームとは、黒曜石を1,000℃以上の高温で焼成発泡させた無機質、超軽量の土壌改良資材で、溶存酸素能力を有し、土壌の透水性・通気性の改良など水分のコントロールに優れた効果を持っています！

47 岩石外壁による住みやすいエコハウス！

溶岩で心地よい家！

最近、エコハウスの一環として、打ち水による涼しいハウス、つまり、屋根に打ち水を行って家を冷やすエコハウスが話題になっています（40項参照）。

この方式は、水の力を借りて家を冷やすもので、エアコンの電気代は節約できますが、使用する水の量が多くなるという問題があります。そこで、考えられたのが、"溶岩によるエコハウス"です。

例えば、溶岩を特殊なフィルム、あるいは、コンクリートなどの上に貼り付けた溶岩サイディング材を家の外壁に利用する方法などです。この溶岩サイディング材ですと、溶岩の多孔質構造による保水力で、保水された水がゆっくり蒸発し、気化熱を周囲から奪い、家を冷やします。この方式は、気化熱でゆっくり冷やしますので、使用する水の量は、打ち水方式に比べて少ないものになります。

この使用する岩石にはいろいろありますが、火山岩（溶岩）と呼ばれる玄武岩、安山岩、デイサイトなどが用いられます（図(a)参照）。溶岩は、火成岩の中でもマグマが地表、あるいは、地表近くで急激に冷やされて固まったもので、結晶が大きく成長しない（粒子が小さい）ために鉱物どうしの結合力が弱く、多くの孔（多孔質構造）を有します（図(b)参照）。この多孔質構造のために保水性、通水性の特徴を持ち、密度が金属などに比べて1/3～1/7程度と軽い特徴を持っています。また溶岩は、植物に必要な肥料成分（リンP、カリウムK、カルシウムCa、マグネシウムMg、鉄Feなど）を含有しています。

このように岩石は、保水性、通水性を持ちますので気化熱を利用したエアコン代わりの家の外壁利用、また、溶岩は金属に比べて軽く、植物に必要な肥料成分を持っていますので首都高速道路のグリーン化などに適した材料と言えるでしょう！（図(c)参照）

要点BOX
●特殊なフィルムやコンクリート等に貼り付けた溶岩サイディング材を家や道路の外壁に用いますと"エコハウス"や"緑化道路"になります！

(a) 溶岩はどのように作られるの？

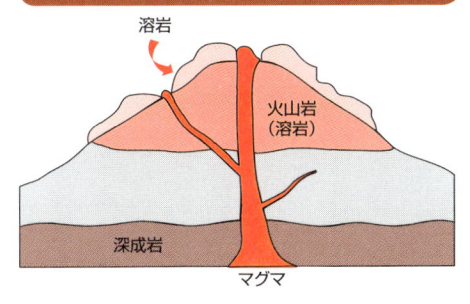

溶岩
火山岩（溶岩）
深成岩
マグマ

(b) 火成岩の種類はどのくらいあるの？

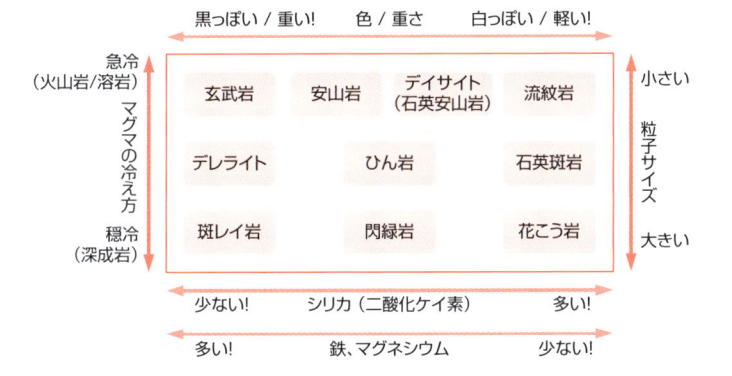

黒っぽい / 重い！　　色 / 重さ　　白っぽい / 軽い！

急冷（火山岩/溶岩）

マグマの冷え方

穏冷（深成岩）

玄武岩	安山岩	デイサイト（石英安山岩）	流紋岩
デレライト	ひん岩		石英斑岩
斑レイ岩	閃緑岩		花こう岩

小さい　　粒子サイズ　　大きい

少ない！　　シリカ（二酸化ケイ素）　　多い！

多い！　　鉄、マグネシウム　　少ない！

(c) 溶岩はどのように使われるの？

(i) 首都高速道路の壁面緑化　　(ii) 駐車場の壁面緑化

出典：大橋ジャンクションからイカの耳!?まで、首都高のグリーン化計画、//www.shutoko.jp/fun/pickup/25

用語解説

マグマ（magma）：マグマとは、岩漿（がんしょう）とも呼ばれ、地下の岩石が融解した高温の液体をさします。それが地表から噴出し、液体状態のまま火口から噴出したものを溶岩と呼び、冷えたものを火山岩と呼びます。また、地下で冷えて固まったものを深成岩と呼びます！

気化熱：39項を参照して下さい！

サイディング材：サイディング（siding）とは、「サイディング・ボード」、「下見板」、または、「壁板」とも呼ばれ、建物の外壁に使う板のことです。住宅では、石綿セメント板を基礎的な材料にして、工場で加工された不燃外壁材をさします。また、防火性能を高めるために木製板の代わりにセメント系のもの、アルミやスチールなどの金属系のサイディングもあります。

● 第4章　自然と知恵、工夫されてきたエコハウス

48 蓄熱効果のあるテラコッタ材を使用したエコハウス！

自然素材テラコッタ利用の家！

テラコッタ（Terra Cotta）は、イタリア語で"焼いた（Cotta）"、"土（Terra）"を意味します。レンガと同様に粘土を焼いて硬くし、レンガより薄い材料で、その焼成温度（800～1000℃程度）によって色が異なり（赤褐色、ブラウン系の色）、可塑性（力が加わると形が変形し、元に戻らない性質）に富み、うわ薬（釉薬）を塗っていない材料で風雨に耐える材料です。

古くは、メソポタミア、エジプト、中国など世界各地の寺院等の壁や装飾に用いられてきた材料です（図(a)参照）。その理由は、比較的入手しやすく、また、加工形成しやすい粘土をベースにした自然素材で、燃焼すると空気孔（多孔質）ができるために通気性、吸水性、およびバクテリア耐性を持ち、水を吸うと気化熱により夏涼しく、太陽に当てると蓄熱効果により冬暖かい特長があるからです。

現代の住まいのキッチン床材としては、テラコッタは吸水性を持ちますので表面にワックスなどの撥水剤（水を弾く薬剤）塗布処理を行って用います。この撥水剤処理を施しますと耐水性、耐熱性が向上し、キッチン床の他に一般の床、中庭の床、土間床、外壁などに用いることができ（図(b)参照）、自然色豊かな建築材料として用いることができます。特に、テラコッタの蓄熱効果を利用して床暖房に用いれば、直ぐに暖まり、なかなか冷えない熱効率の良いエコ暖房となります（図(c)参照）。ここで、床暖房には温水式と電気式とがあります。前者の温水式には、ヒートポンプ使用タイプやガス給湯器使用タイプがあり、後者の電気式には、深夜電力を利用するタイプ、PTCヒーターや電熱ヒーターを用いるタイプなどがあります（図(d)参照）。

最近では、日本人の均一性好みや綺麗好きさから汚れやすいテラコッタを用いず、セラミックスにうわ薬（釉薬）を塗り、各種模様をつけて焼いたテラコッタ風タイルに人気があるようです。

要点BOX
● テラコッタは、粘土をベースにした自然素材で、水を吸うと気化熱により夏涼しく、太陽に当てると蓄熱効果で冬暖かくなる特徴があります！

(a) テラコッタで作られた兵馬俑

(b) テラコッタ風タイルを用いた中庭一例

(c) テラコッタ使用の床暖房一例

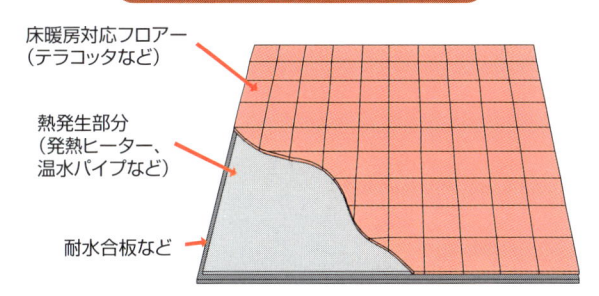

- 床暖房対応フロアー（テラコッタなど）
- 熱発生部分（発熱ヒーター、温水パイプなど）
- 耐水合板など

(d) いろいろな床暖房方式

温水式床暖房	電気式床暖房
ヒートポンプ使用タイプ 大気中の熱（あるいは、地下熱）で温水を作り、床下の温水パイプに流すことで床を温めます！	深夜電力利用タイプ 深夜電力を利用して蓄熱し、昼間は蓄熱体に溜まった熱を放熱して床を暖めます！
ガス給湯器使用タイプ ガス給湯器を使ってお湯を沸かし、床下の温水パイプに流して床を暖めます！	PTCヒーター使用タイプ ヒーター自体が発熱を制御し、無駄な電力を使わないように自動制御して床を暖めます！
	電熱線ヒーター使用タイプ 電熱線を床に埋め込んで床を暖めます！ 初期費用が安価になります！

（注）PTCヒーターとは、Positive Temperature Coefficientヒーターの略で、"正温度係数ヒーター"と呼ばれ、温度が上昇するに伴いヒーターの電気抵抗が増大する特性をもつヒーターです。つまり、温度が上がると電気が流れにくくなり、温度が下がると電気が流れやすくなる特性をもつヒーターです。

用語解説

ヒートポンプ：63項を参照して下さい！
PTCヒーター：49項を参照して下さい！
セラミックス（ceramics）：無機、非金属物質を原料として製造されたもので、製造、あるいは、使用中に高温度（約540℃以上）を受ける製品、材料のことで、陶磁器、耐火物、セメント、ガラス、合成宝石などをさします（26項参照）！

● 第4章　自然と知恵、工夫されてきたエコハウス

49 省エネヒーターによる心地よい床暖房！

省エネのPTC床暖房ってなぁーに？

床暖房には、温水式と電気式がありますが（48項参照）、省エネ床暖房としてはPTCヒーターによる床暖房が注目されています。

PTC（Positive Temperature Coefficient）ヒーターは、"正温度係数ヒーター"と呼ばれています。

このPTCヒーターは、チタン酸バリウム（BaTiO₃）などを主成分とする微細な結晶粒が集合した多結晶体で、結晶粒どうしの境界（粒界）は通常、高抵抗体（絶縁層）になっています。これに微量の添加物（シフター）を加えますと、その添加物の量によって電気抵抗値を温度に対して変化を起こします。この変化する温度を"キュリー温度"と呼び、このキュリー温度を添加物の量でコントロールして床暖房に適したPTCヒーターを構成します（図(a)参照）。

このPTCヒーターは低温時、ポリエチレン（PET）が収縮してニッケル粒子が接触して電気が流れやすい状態になります。このヒーターに電気を印加しますと、ヒーターが熱くなり、ある温度（キュリー温度）に達しますとポリエチレンが膨張してニッケル粒子が断ち切られ、ヒーターの電気を切断します。ヒーターの温度が低下し始めますと再び、ヒーターに電気が入り、ヒーターが熱くなっていきます。この動作の繰り返しによってPTCヒーターは、床暖房の省エネ化を図ります（図(b)参照）。

一例として、ヒーター表面温度を＋20℃程度に設定したヒーター床暖房の消費電力は、電気印加時100％とすると、時間の経過とともに30％前後に低減し、約70％の省エネを達成します（図(c)参照）。

このPTCヒーター床暖房は、床が冷えているときの電気印加時（立ち上がり時）に過大電流（突入電流）が流れ、家庭内の電気ブレーカーを遮断させますので床暖房をいくつかの領域に分け、時間差で通電させて過大電流（突入電流）を抑えるコントローラが必要になります。

要点BOX
● PTCヒーターは、温度が上がると電気抵抗が増大し、温度が下がると電気抵抗が低下し、温度による省エネ化を行います！

(a) PTCヒーターの温度特性

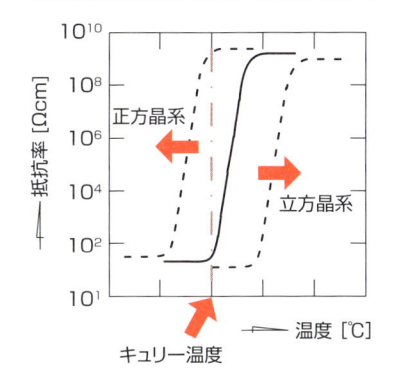

縦軸：抵抗率 [Ωcm]
横軸：温度 [℃]
正方晶系 → 立方晶系
キュリー温度

(c) PTCヒーターの発熱特性

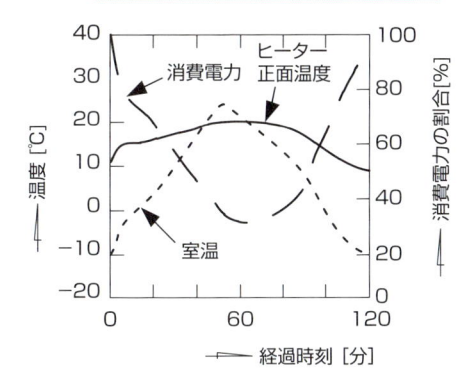

縦軸（左）：温度 [℃]
縦軸（右）：消費電力の割合 [%]
横軸：経過時刻 [分]
消費電力、ヒーター正面温度、室温

出典：金森 道人，"PTC特性をもつカーボン・高分子混合材料の開発 ― 省エネヒーター材料の開発を目指して"、中部電力、技術開発ニュース、No.127、2007年7月、

(b) PTCヒーターの構造と動作（イメージ図）

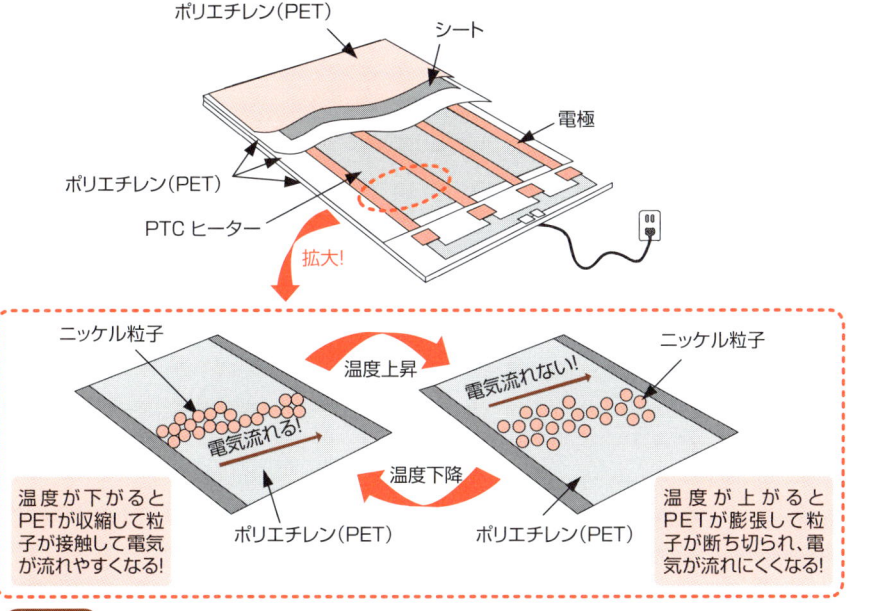

ポリエチレン（PET）
シート
電極
ポリエチレン（PET）
PTCヒーター

拡大！

ニッケル粒子
温度上昇 → 電気流れない！
← 温度下降
電気流れる！
ポリエチレン（PET）

温度が下がるとPETが収縮して粒子が接触して電気が流れやすくなる！

温度が上がるとPETが膨張して粒子が断ち切られ、電気が流れにくくなる！

用語解説

チタン酸バリウム（Barium Titanium Oxide：BaTiO$_3$）：二酸化チタンを炭酸バリウムとともに融解すると得られる白色の結晶で、強誘電体の一つです！

キュリー温度：強磁性体が常磁性、あるいは、強誘電体が常誘電性へ転移する臨界温度のことです！

PET（polyethylene terephthalate）：PETは"ポリエチレンテレフタラート"と呼ばれ、ペットボトルなどに用いられる材料です。ここでは、PTCヒーターの基板に用いられています。

50 足元ほかほかの床暖房！

蓄熱方式の床暖房！

床暖房には大きく分けて電気式と温水式があり（図(a)参照）、また、エネルギー使用タイプとエネルギー未使用タイプがあります。

前者のエネルギー使用床暖房には、①灯油や都市ガスを熱源とする温水式、②一般電力利用の非蓄熱式（電気式）、③安価な深夜割引電力を利用する蓄熱式などがあり、特に、非蓄熱電気方式は、設置コストが安価ですがランニングコストが高くなります。

後者のエネルギー未使用タイプ床暖房は、冬の晴れた日に窓からの日射熱を床下の蓄熱材に蓄え、日射が無くなった夜に窓からの日射熱を利用する方式です。この昼の暖かさを夜まで持続させるには熱が逃げないように断熱を良くし、日中に取り込んだ日射熱を熱容量の大きい材料に蓄熱させて夜間に利用できるようにすることが重要です（図(b)参照）。この蓄熱材には、蓄熱方式の違いにより①顕熱蓄熱と②潜熱蓄熱方式があります（図(c)参照）。

①顕熱蓄熱は、水やコンクリートのような固体から液体への相変化を伴わず比熱を利用して熱量を蓄熱する方式です。②潜熱蓄熱は、ある温度（融点、凝固点）で物質の相を変化させ、その熱量の出入りを利用して蓄熱する方式です。この潜熱蓄熱材は、小容量に多量の熱量を蓄えることができる効率的な材料です。例えば、潜熱蓄熱材と顕熱蓄熱量の比較を行いますと、潜熱蓄熱材は単位容積あたり水の約5倍、コンクリートの約10倍の蓄熱量が得られます。このために、潜熱蓄熱材を用いた床暖房は、一日の床暖房温度の変化が少なく、通電停止直後の温度が高いので通電開始直前の温度が低くなることがないと言う特徴があります。また、蓄熱材を用いた床暖房システムは深夜割引電力を利用して蓄熱しますのでランニングコストが安く、メンテナンス不要で耐久性の高い非常に優れた方式と言えるでしょう！

要点BOX
●冬の晴れた日に窓からの日射熱を床下の蓄熱材に蓄え、日射がなくなった夜に蓄熱材に蓄えられた熱を利用するのが潜熱蓄熱方式です！

(a) 床暖房システムのいろいろ

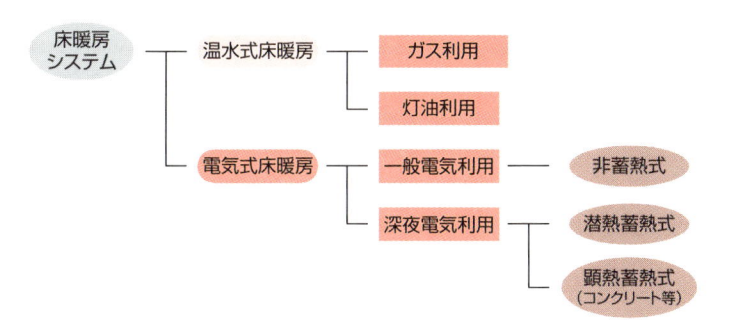

- 床暖房システム
  - 温水式床暖房
    - ガス利用
    - 灯油利用
  - 電気式床暖房
    - 一般電気利用 ─ 非蓄熱式
    - 深夜電気利用
      - 潜熱蓄熱式
      - 顕熱蓄熱式（コンクリート等）

(b) 潜熱利用の床暖房と床温度特性

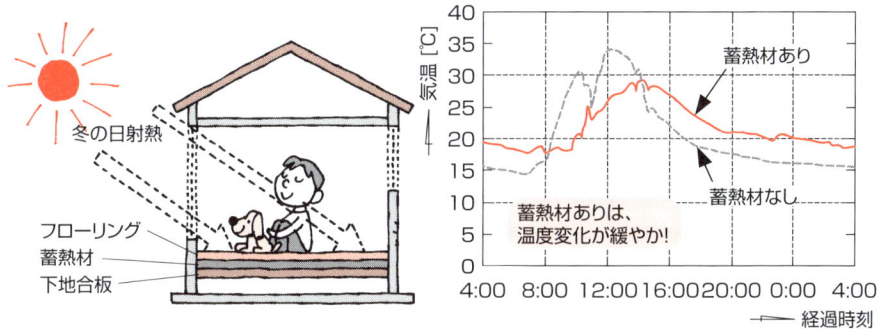

(i) 潜熱利用のパッシブ床暖房

冬の日射熱
フローリング
蓄熱材
下地合板

(ii) パッシブ床暖房の床材温度

蓄熱材あり
蓄熱材なし
蓄熱材ありは、温度変化が緩やか！

出典：http://www.sumikapla.co.jp/yukadanbo/sumithermal/sumithe_setsumei.html

(c) 顕在蓄熱材と潜在蓄熱材の比較

利用形態		蓄熱材	長所	短所
蓄熱方式	顕熱蓄熱	水 コンクリート 土壌、レンガ	入手容易 安価 安全、耐久性良好	容積効率が低い 温度レベルが一定でない
	潜熱蓄熱	無機水和塩 パラフィン 有機物	蓄熱量が大 一定温度のエネルギーが得られる	価格が高い 相変化の温度領域により材料選定が必要！

出典：http://www.sumikapla.co.jp/yukadanbo/ideabox/idea_handbook01.html

用語解説

顕熱、潜熱：16項を参照して下さい！
フローリング(flooring)：フローリングとは"床材"の意味ですが、一般には床を覆うための木質系の素材、および、それらを用いた床の意味になります！

●第4章　自然と知恵、工夫されてきたエコハウス

51 断熱を施した省エネルギーのエコハウス！その1

断熱の家とは！

省エネルギー化のエコハウスは、「家庭で消費する電力を如何に減らせるか？」であり、それには家庭の消費電力の約1／4消費している冷暖房費を低減することが一つのポイントと考えられます（図(a)参照）。

現在、家から逃げていく、あるいは、入ってくる熱の割合は窓、ドアーなどの開口部が大半を占めます（図(b)参照）。

このような現状ですが、省エネルギーを図るためには開口部の改善の他に家のすき間をなくす、つまり、ポリエチレン・シートなどで家全体を包むことです（図(c)参照）。このシートで包む考え方を具体化したのが"家の断熱化"です！

この断熱化には、①内断熱化（充填断熱化）、②外断熱化（外張り断熱化）があります（図(d)参照）。

前者の内断熱化（充填断熱化）は、柱やハリ（梁）など建築物の構造骨組み（躯体）の間に断熱材を充填する（つめる）方法です。この方法は、建物の形状に問わずに容易に施工できることですが、柱やハリ（梁）などの躯体部分が外気と接しているために内部結露、あるいは、躯体部分から熱が伝わる現象（熱橋）があり、断熱効果を低減させてしまう傾向があります。一方、後者の外断熱化（外張り断熱化）は、構造骨組み（躯体）を断熱材で覆うために外気の影響を受けにくく、また、躯体部分から熱が伝わる現象（熱橋）も少ないので建物として断熱効果が内断熱化に比べて向上します。しかし、断熱材の外側に外装材を覆い、取り付けますので外装材を支持する下地が必要になり、建物の形状によっては施工が難しくなることもあります。

このように家内部の温度を一定になるように断熱材で家全体を包むように用いることが省エネルギーにつながるものと思われます。この断熱化には、断熱材の種類や取り付け方法等によって断熱効果が異なりますので工事前には建設会社（関連業者）等との話し合いが重要になります。

要点BOX
●省エネ化エコハウスは、シートなどで家全体を包むことです。この考え方を具体化したのが断熱材で家を覆う方法（家の断熱化）です！

(a) 家庭における機器の消費電力量比較

- その他 32.7%
- エアコン 25.2%
- 冷蔵庫 16.1%
- 照明器具 16.1%
- テレビ 9.9%

出典：資源エネルギー庁,"2011年夏,省エネ性能カタログ — 家計にやさしい省エネ家電一覧 —"

(c) 断熱化(気密化)

断熱化は、家全体をシートなどで覆うこと！

(b) 建物から逃げる熱、入る熱は？

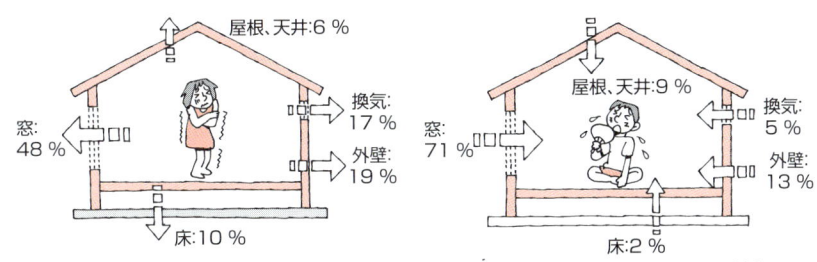

(i) 冬の暖房時に熱が逃げ出す割合
- 屋根、天井：6%
- 換気：17%
- 外壁：19%
- 床：10%
- 窓：48%

(ii) 夏の冷房時に熱が入る割合
- 屋根、天井：9%
- 換気：5%
- 外壁：13%
- 床：2%
- 窓：71%

出典：経済産業省,"平成4(1992)年省エネルギー基準"

(d) 外断熱化(充填断熱化)と内断熱化(外張り断熱化)の一例

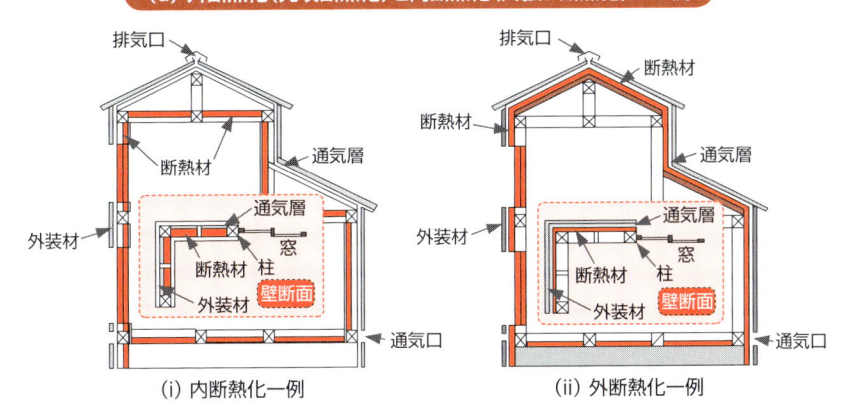

(i) 内断熱化一例

(ii) 外断熱化一例

各図のラベル：排気口、断熱材、通気層、外装材、通気口、窓、柱、壁断面

用語解説

結露：結露とは、温かく湿った空気が冷たいものに触れると水滴となって現れる現象です！

熱橋(Heat Bridge)：熱橋とは、外壁と内壁の間にある柱などが熱を伝える現象のことです！ 特に、熱伝導率の高い鉄骨は外気と室内の熱を伝えやすく、結露が生じやすい傾向にあります！

● 第4章 自然と知恵、工夫されてきたエコハウス

52 断熱を施した省エネルギーのエコハウス！その2

家の断熱化は家の各部に対して行う！

家の各部を断熱化し、室内温度を極力一定化しますので、家の壁、床（51項参照）を除いた各部の断熱について大まかに見ましょう（図a参照）！

屋根は、内断熱化では断熱材を天井の裏側に敷き詰め、外断熱化では屋根の裏側（小屋裏）に貼り付けます（図b参照）。ここで、断熱効果を高めるために屋根の表面に高反射率の塗料を塗り、日射を反射させて断熱効果を高める併用法もあります。

次に窓、玄関（ドアー）等は、室内の熱の出入りの一番激しい部分ですので断熱化は重要な箇所になります。このドアー、窓等のガラスは、1枚のみの単ガラスではなく、2枚以上から成る複層ガラスを用いますと熱を伝えにくく（熱貫流率の低減化）することができます（図c(d)参照）。ここで、複層ガラスとは2枚以上のガラスの中に空気層（厚さ：6mm、12mmなど）を持つものです。また、断熱効果を向上させるために片側ガラスの表面に金属膜をコーティングした低反射複層ガラス（Low-E (emissivity) ガラス）があります。この低反射複層ガラスには、夏の日射を室外へ反射するタイプ（遮熱型）か、冬の室内の熱を室内へ反射するタイプ（一般型）があり、どちらを優先するかの選択が必要になります。また、ガラスを支えるサッシは、アルミサッシ、複合サッシ（アルミサッシに樹脂を被膜したサッシ）、樹脂サッシ、あるいは、木製サッシなどがあり、木製サッシに変更しますと断熱効果が向上しますのでサッシの選択が重要になります。また、窓と同様に外気と接している玄関、勝手口等は、断熱性の高い構造や素材であることが望ましくなります（図e参照）。

また換気口は、防湿気密シート等によってすき間風を防止し、室内の熱、湿気を計画的に排出する熱交換型換気などを行うことが重要になります。

この家の断熱化は家の各部に対して行うことが必要で建築会社等との話し合いが重要になります。

要点BOX
● 省エネルギー化のエコハウスは、家の各部に対して断熱化を行うことが必要で、建築会社（関連業者）等との話し合いが重要になります！

(a) 断熱化の仕方は？

屋根、外壁、床などは、断熱材で覆います！断熱材の厚みに依存し、厚い程、断熱効果は大です！

玄関(ドアー)、窓などは、断熱効果の高い材料に！特に、ガラスは複合ガラスに！サッシは、木製が断熱効果大！

換気は、計画的に排出することです！

断熱化は、家の各部で断熱材を利用することです！

(b) 屋根の断熱化一例

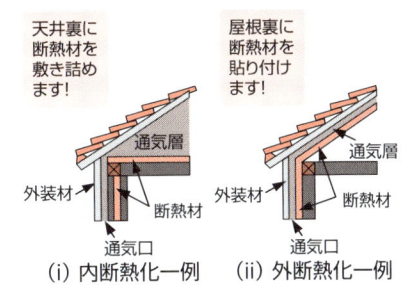

天井裏に断熱材を敷き詰めます！

屋根裏に断熱材を貼り付けます！

(i) 内断熱化一例　(ii) 外断熱化一例

(c) 複層ガラス、低反射複層ガラスおよびサッシの一例

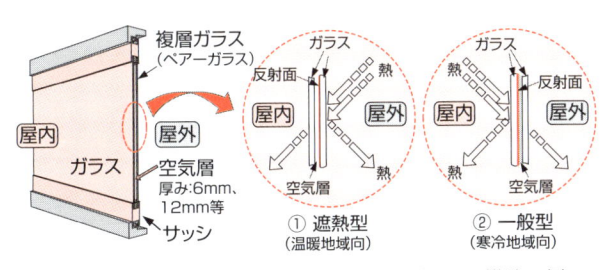

複層ガラス(ペアーガラス)　屋内　屋外　ガラス　空気層　厚み:6mm、12mm等　サッシ

① 遮熱型(温暖地域向)　② 一般型(寒冷地域向)

(i) 複層ガラスの構造一例　(ii) 低反射複層ガラスの構造一例

(e) 断熱材入りドアー

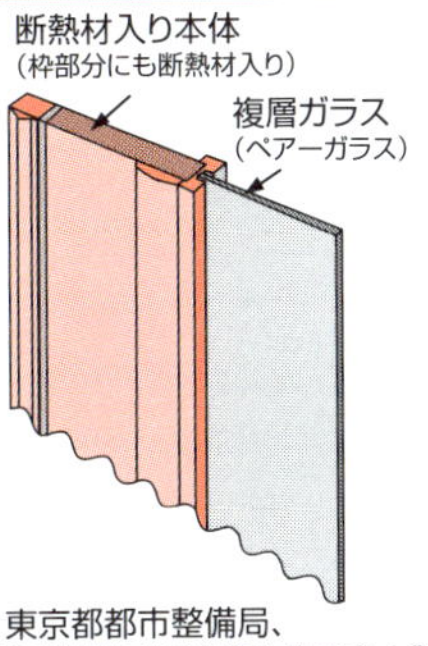

断熱材入り本体(枠部分にも断熱材入り)　複層ガラス(ペアーガラス)

出典：東京都都市整備局、"4. 断熱性能・日射遮蔽性能の向上"、

(d) ガラスとサッシの組み合わせによる熱の伝わり方一例

ガラスとサッシの組み合わせ	熱が伝わる度合い[%]	熱貫流率U値[W/m²K]
単ガラス＋アルミサッシ	100	U値=6.5
複層ガラス(空気層: 6 mm)＋アルミサッシ	61.5〜71.4	U値=4.0
複層ガラス(空気層:12 mm)＋断熱アルミサッシ	46.2〜53.5	U値=3.0
複層ガラス＋樹脂、または、木製サッシ	29.2〜35.7	U値=1.9

<注> 外壁の断熱性能(U値)が60 mm厚のグラスウール(10K)で、U = 0.6〜0.8、窓のU値が U = 3.0〜4.0 なので、外壁の約5倍の熱量が窓から出入りします！

出典：東京都都市整備局、"4. 断熱性能・日射遮蔽性能の向上"、(原出典：(社)日本建材・住宅設備産業協会) & 堀　清孝、"図解入門よくわかる　最新　断熱・気密の基本と仕組み"、(株)秀和システム、p.43、2011年6月

用語解説

熱交換型換気：熱交換とは、室内の汚れた空気を排出する時に熱の一部を回収して室内に入る外気に移し、換気する方法です！　このために、室温がほとんど変わらず熱ロスが少ないという利点があります！　なお、この方法には、「全熱交換型」と「顕熱交換型」の二つのタイプがあります。「全熱交換型」は熱交換の際に熱だけでなく湿気も交換するのが特徴で、室内の湿度を一定状態に保ちやすいタイプです。一方、「顕熱交換型」は、熱のみを交換するタイプで、全熱交換型に比べて外部の湿度に影響されがちで、調湿対策が必要になります！（**31**項参照)！

● 第4章　自然と知恵、工夫されてきたエコハウス

53 断熱を施した省エネルギーのエコハウス！その3

断熱材にはどんなものがあるの？

家の断熱化に用いる断熱材の"熱の伝わりやすさ（熱伝導率）"を見てみましょう！熱の伝導率は、コンクリート：1.6、耐火レンガ：0.99、土壁：0.69、ガラス：0.6、木材（松、ラワン等）：0.15、断熱材（グラスウール）：0.045、空気：0.025であり（11項参照）、断熱材の熱の伝わりにくさがわかり、断熱材は暖房の熱を逃がしにくい材料になります。一方、コンクリートやガラスは熱を伝えやすく暖房の熱を逃がしやすい材料になります。この熱伝導率をベースにして同じ断熱性能にするのに必要な材料の厚さを求めてみます。断熱材（グラスウール）：7cmに対して、木材：23cm、土壁：107cm、耐火レンガ：154cm、コンクリート：249cmになり（図(a)参照）、断熱材の断熱効果が良くわかります。では、断熱材は何からできているのでしょうか？

断熱材には、無機繊維系、発泡プラスチック系、木質繊維系、自然系があります（図(b)参照）。無機繊維系のグラスウールは、ガラスを高温で融かして短い繊維状（繊維径4～5μm程度）に加工したもの（短いガラス繊維）で、繊維間の空気層で断熱します（図(i)参照）。この断熱材は、吸湿性があるために防湿層を必要とし、雨に濡らすことができません。

発泡プラスチック系のビーズ法ポリスチレンフォームは、EPSと呼ばれ、ポリスチレン樹脂を炭化水素系の発泡剤から造られます。一つ一つ気泡を持った粒からなるもので、気泡による断熱作用を利用します（図(c)(ii)参照）。この断熱材は、水や湿気が通りにくく、軽量で加工・施工しやすい断熱材です。

木質繊維系のセルローズファイバーは、天然の木質繊維からできており、樹木の持つ空気を断熱に利用します。この断熱材は、木質特有の吸放湿性によって適度な湿度を保ちます。

この断熱材には多くの種類があり、その特徴を把握して適材適所に用いることが望ましいと思われます。

要点BOX
●断熱材には無機繊維系、発泡プラスチック系、木質繊維系等があり、繊維間の空気やプラスチック気泡の気体の断熱作用を利用しています！

(a) グラスウールの厚みに対して同じ断熱性能にするために必要な厚み

建材	グラスウール	木材	土壁	耐火レンガ	コンクリート
熱伝導率[W/mK]	0.045	0.15	0.69	0.99	1.6
断熱材厚さ[cm]	7	23	107	154	249

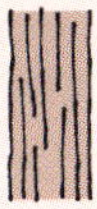

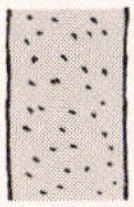

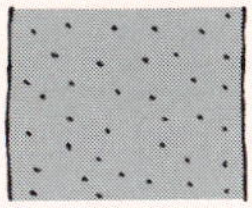

(b) 断熱材の種類と特徴

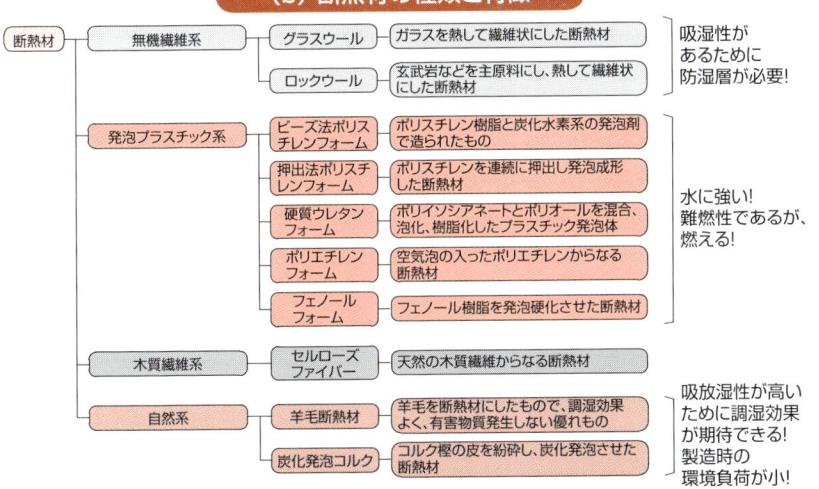

- 断熱材
  - 無機繊維系
    - グラスウール：ガラスを熱して繊維状にした断熱材
    - ロックウール：玄武岩などを主原料にし、熱して繊維状にした断熱材
    - → 吸湿性があるために防湿層が必要!
  - 発泡プラスチック系
    - ビーズ法ポリスチレンフォーム：ポリスチレン樹脂と炭化水素系の発泡剤で造られたもの
    - 押出法ポリスチレンフォーム：ポリスチレンを連続して押出し発泡成形した断熱材
    - 硬質ウレタンフォーム：ポリイソシアネートとポリオールを混合、泡化、樹脂化したプラスチック発泡体
    - ポリエチレンフォーム：空気泡の入ったポリエチレンからなる断熱材
    - フェノールフォーム：フェノール樹脂を発泡硬化させた断熱材
    - → 水に強い!難燃性であるが、燃える!
  - 木質繊維系
    - セルローズファイバー：天然の木質繊維からなる断熱材
  - 自然系
    - 羊毛断熱材：羊毛を断熱材にしたもので、調湿効果よく、有害物質発生しない優れもの
    - 炭化発泡コルク：コルク樫の皮を粉砕し、炭化発泡させた断熱材
    - → 吸放湿性が高いために調湿効果が期待できる!製造時の環境負荷が小!

(c) グラスウール断熱材とプラスチック断熱材の構造一例

グラスウールは、繊維のすき間にある空気の断熱作用を利用しています。微細な繊維でできた高密度の方が高性能断熱になります!
(注:○は、仮想空気層を示しています!)

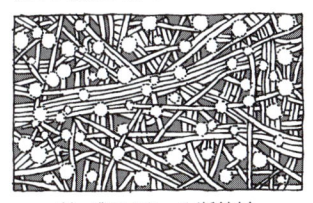

プラスチック系断熱材は、気泡の中に閉じ込めた空気の断熱作用を利用しています。細かな気泡で構成されたものは断熱性能が高くなります。また、断熱性の高いガスを空気の代わりに閉じ込めた高性能なものもあります!

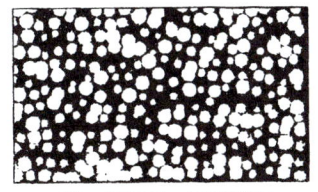

(i) グラスウール断熱材　　(ii) プラスチック系断熱材

(b)&(c)出典：堀　清孝、"図解入門よくわかる　最新断熱・気密の基本と仕組み"、(株)秀和システム、p.47、2011年6月、筆者が加筆作成

用語解説

EPS：Expanded Poly-Styreneの略で、ビーズ法ポリスチレンフォームと呼ばれる断熱材をさします!

Column ❹

マンションの部屋はエコハウスなの？
（外気面の少ない部屋は暖かい!）

外の熱気や冷気が室内に入ってくる割合、また、室内の暖気や冷気が外へ逃げていく割合は、大まかにイメージすると開口部（ドアー、窓等）が約50％、外壁が約20％、屋根・床が約15％、換気が約15％と見られます（下図(a)参照）。

このイメージ図から見ますと建物の断熱化の他に開口部や換気が大きく依存しています。マンションの建材は、コンクリートですので、その伝導率は1・6と木材の伝導率0・15と比べて熱を伝えやすく、断熱性能が劣ります（11項参照）。しかし、マンションに住んでいる方々からは室温変化が少なく、冬、暖かいと言われます。この理由として マンションは気密性の高い建物構造であることが挙げられます。また、マンションは外気に面している部分が両端部、最上下階部を除くとドアー部とバルコニー部の2面のみで天井上、床下、両側壁部分が隣人の部屋になりますので二戸建て住宅に比べて外気に接する部分が少なく、隣人の部屋に住みやすい部屋になります（下図(b)参照）。

一方、マンションの両端部、最上下階部は断熱性能に依存しますので断熱性能を見ながら部屋のロケーションを考える必要があるようです（下図(c)参照）！

(a) 熱が出入りする割合（イメージ図）

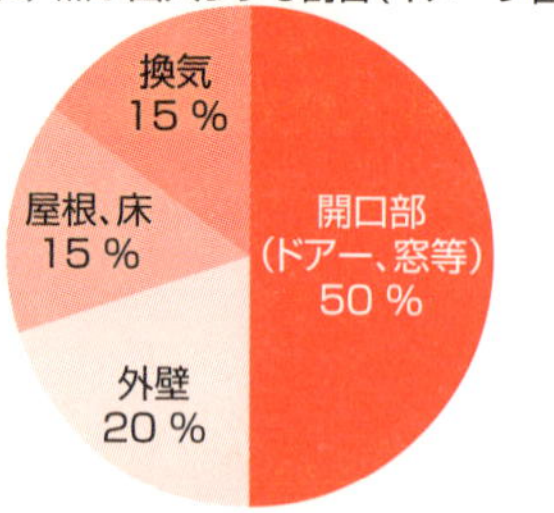

- 換気 15％
- 屋根、床 15％
- 開口部（ドアー、窓等）50％
- 外壁 20％

出典：経済産業省、平成2年（1992年）省エネ基準をベースにイメージ化！

(b) 3 LDKのマンション部屋一例

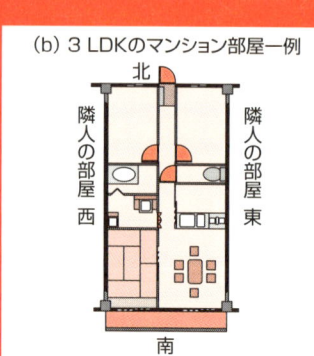

北／隣人の部屋 西／隣人の部屋 東／南

(c) マンションの部屋の位置によって暑寒が異なる？

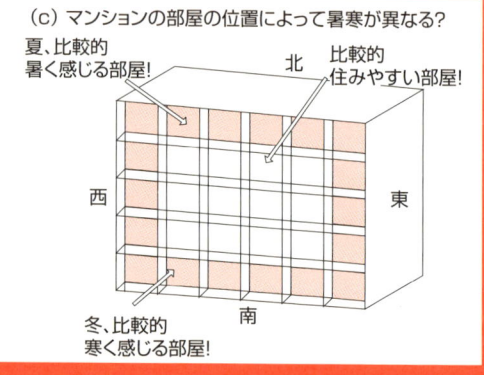

夏、比較的暑く感じる部屋！
比較的住みやすい部屋！
冬、比較的寒く感じる部屋！
北／西／東／南

第5章

新エネルギーとは、どんなもの?

●第5章 新エネルギーとは、どんなもの？

54 優しいエネルギーとは何なの？

新エネルギーの定義と内容は？

エコハウスの目的は、エネルギーの節約と建築のあり方や生活の工夫によってエネルギーをなるべく使わないで快適に暮らせるようにすることです。

冬には太陽光のエネルギーを蓄熱体に蓄熱させ、これを利用して暖をとり、夏には風を取り入れて換気とともに熱を排出するようなしくみを家づくりに取り入れること等です（25項参照）。

このようなパッシブハウス、あるいは、エコハウスにおいても換気扇、調理器具、入浴装置、照明器具等にはエネルギーが必要になります。これらのエネルギーを得るのに二酸化炭素（CO_2）の少ない環境に優しいエネルギーとして、"効率の良いのがあるか？"の観点からエコと考えられるエネルギーを見てみましょう。

まず、新エネルギーとは"技術的にほぼ実用可能な段階にあるものの従来の石油エネルギーに比べて費用がかさむため十分に普及していないもので、石油に代わるエネルギーとして導入が特に必要なもの"（新エネ法）と定義されています。したがって、経済性の高い環境に優しい新エネルギーとしては、太陽光発電、太陽熱利用エネルギー、風力発電、雪氷熱利用エネルギー、温泉の熱水や川の水などの温度差を利用する温度差エネルギーなどの自然エネルギーがあります。

また、今まで棄てていた資源（家庭から出るゴミ等）を利用する廃棄物エネルギー、および、木くずや廃材などを利用したバイオマスエネルギー（リサイクルエネルギー）等があり、これらのエネルギーは技術的に実用期に達しつつあります。また、波力発電や海洋温度差発電などは研究期にあるために新エネルギーに含みません（図(a)参照）。

この章では、このような新エネルギーを見ていくとともに冷暖房でなるべくエネルギーを使わない省エネ化も新エネルギーに劣るとも勝るほど重要なエネルギーです。この新エネルギーと省エネルギーの観点から主なトピックスを見ていきましょう

要点BOX
●パッシブハウス、エコハウスともに電力（エネルギー）が必要になります！　この電力にはいろいろなエネルギーがあります！

(a) 優しいエネルギーとは？

新エネルギー →

	実用期			普及期		研究期
化石エネルギー	代替エネルギー					
				再生可能エネルギー		
石油 石炭 天然ガス	原子力	自然エネルギー	水力 地熱	太陽光発電 太陽熱利用 風力発電 雪氷熱利用	バイオマスエネルギー	波力発電 海洋温度差発電
					バイオマス発電 バイオマス熱利用 バイオマス燃料製造	
				温度差エネルギー	エネルギー作物	
		リサイクルエネルギー		廃棄物エネルギー	黒液* 木くず、廃材利用 バイオガス 汚泥/糞尿	
				廃棄物発電 廃棄物熱利用 廃棄物燃料製造	(注)*黒液とは、パルプ製造工程の際に出る廃液のことです！	
		従来型エネルギーの新利用形態		クリーンエネルギー自動車(EV) 天然ガスコージェネレーション燃料電池、EV用充電器など		

(b) 新エネルギーはいろいろあるなぁー！

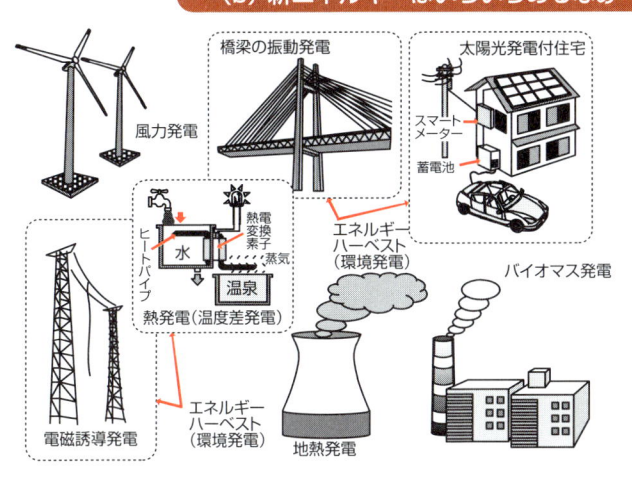

風力発電
橋梁の振動発電
太陽光発電付住宅
　スマートメーター
　蓄電池
熱発電（温度差発電）
　ヒートパイプ
　水
　熱電変換素子
　蒸気
　温泉
エネルギーハーベスト（環境発電）
バイオマス発電
電磁誘導発電
エネルギーハーベスト（環境発電）
地熱発電

（注）エネルギーハーベスト (Energy Harvest)：身の回りの環境において利用されずに捨てられている小さなエネルギーを拾い集めて発電（環境発電）に活用するエネルギーシステムをさします！

用語解説

バイオマスエネルギー：バイオマスは、"生物"のバイオと"まとまった量"を意味するマスからなる合成語で、有機物のバイオマスを燃焼させエネルギー（電力）を得ることをさします！ここで、バイオマスを燃焼させると二酸化炭素（CO_2）を発生しますが、同時に植物の成長にCO_2を吸収しますので全体で見るとCO_2の量が増加しない特徴をもちます。これを"カーボンニュートラル"と呼びます！

廃棄物エネルギー：廃棄物の焼却に伴って発生する高温燃焼ガスによりボイラで蒸気を作り、蒸気タービンで発電機を回してエネルギー（電力）を得るシステムをさします！

● 第5章 新エネルギーとは、どんなもの？

55 屋根の上の太陽光発電！

太陽電池とは？

自然エネルギーの中の太陽光発電のもとになる太陽電池を見てみましょう！

太陽電池の基本単位はセルで、そのセルはp型、n型半導体を接合し、その境界面に太陽光を当てると電流が流れるものです。その量は日照量の強弱に比例し、それを電気エネルギーとして取り出すしくみです（図(a)参照）。

使用される半導体は、シリコンの他に化合物半導体、有機物などがあり、それぞれ異なる特徴を持ち、用途に合わせて使い分けられています（文献(1)参照）。

太陽電池を太陽光発電として利用するには、一つの太陽電池（セル）では出力が数Wと小さいために複数枚接続し、モジュール化して最大出力30〜250Wを得るように構成します。さらに、このモジュールを使用する電力に合わせて複数枚接続アレイ（集合）化して配置し、太陽電池全体を構成します。この太陽電池全体から発生した電気（直流）をパワーコンディショナによって家庭で利用できる電気（100V交流）に変換します。交流変換された電気は、分電盤を介して各部屋に送られ、使用します。

この太陽電池で発電した電気エネルギーは、電力会社の配電線につなぎ（系統連係）、晴れた時の電力余剰分を売電用電力量計で計測して電力会社へ売り、あるいは、一旦蓄電池に蓄電して使用します。また、曇り時の電力不足の時には電力会社から不足電力を買取ります。この電力会社の配電線に接続する場合、商用電源の電圧や周波数などを合わせる必要があり、この役をパワーコンディショナが担います（図(b)参照）。

このように、太陽電池と周辺機器を導入することによって太陽光発電は一般家庭でも容易に取り入れられるようになってきています。

要点BOX
● 太陽電池はp形、n形半導体の接合面で電流が発生します！　この太陽電池のセルはモジュール化、アレイ化して用います！

(a) 太陽電池セルの構造一例と光電効果電流の発生!

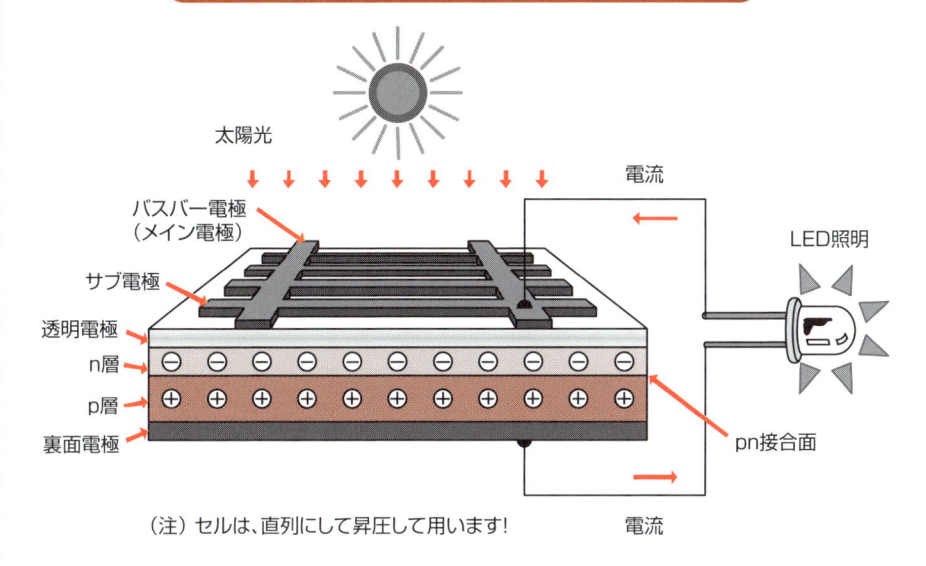

太陽光

バスバー電極（メイン電極）
サブ電極
透明電極
n層
p層
裏面電極

電流
LED照明
pn接合面
電流

（注）セルは、直列にして昇圧して用います!

(b) 周辺機器によって太陽電池を使用できる電気にする!

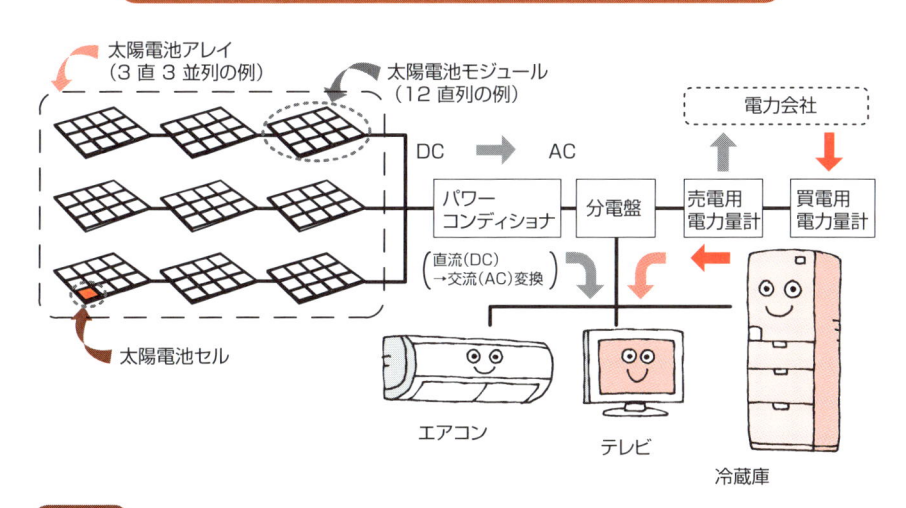

太陽電池アレイ（3直3並列の例）
太陽電池モジュール（12直列の例）
太陽電池セル

DC → AC
パワーコンディショナ
分電盤
（直流(DC)→交流(AC)変換）

電力会社
売電用電力量計
買電用電力量計

エアコン
テレビ
冷蔵庫

用語解説

p型半導体：Ⅳ族のシリコン結晶格子の一部をボロンなどのⅢ族の原子で置き換えることによって正孔（ホール：正の電荷）が電気の運び手（キャリア）になる半導体をさします！

n型半導体：Ⅳ族のシリコン結晶格子の一部をリンなどのⅤ族の原子で置き換えることによって電子（エレクトロン：負の電荷）が電気の運び手（キャリア）になる半導体をさします！

56 家庭における太陽熱利用の温水器!

家庭における入浴等の給湯エネルギーは、一年間あたり約30％を占めています（3項参照）。この消費を抑えるために太陽熱の温水器を利用します。

太陽熱温水器は、集熱器と貯湯槽（蓄熱槽、タンク）からなります。前者の集熱器は、熱媒（水、または、不凍液等）を循環させて太陽熱を集める部分です。この集熱器には3タイプがあります。①平板型は最も単純な集熱器で黒色塗布した集熱面、あるいは、熱吸収を良くするために熱吸収膜をコーティングした面に直接、熱媒を接触させて熱を吸収するタイプで、集熱面の裏側には断熱材（保温材）を貼り湯温度の低下を防いでいます。この平板型は、集光部のカバーガラスと集光体との間の対流損失が比較的大きく、高温湯を得るのが比較的難しいタイプです。②真空管型は、真空ガラス管内に熱媒を通す管と集熱板とを封じ込んだ構造のものを多数並べて集熱するタイプで、カバーガラスと集光体との間の対流損失が少なく、

比較的高効率で集熱します。③集光型は凹面の反射板、あるいは、パラボラ反射板等を並べて集熱するタイプで、ソーラークッキング等に多く用いられます。

後者の貯湯槽（蓄熱槽、タンク）は、お湯を蓄える部分であり、集熱器と一体化した①タンク一体型（図(a)参照）と集熱器と分離した②タンク分離型（図(b)参照）とがあります。①一体型は、水を自然循環させる自然循環式（直接加熱式）とポンプ等による強制循環式（間接加熱式）があります。いずれのタイプも一体型により貯湯槽の荷重が屋根への負担になり、また、水垢等の対策が必要になります。一方、②分離型は、ポンプによって熱媒を強制循環させるタイプで屋根への荷重負担が軽減される特長があります。

このように、太陽熱温水器にはいろいろタイプがあり（図(c)参照）、そのエネルギー変換効率は約50〜60％と太陽光発電（約20％）よりも高く、環境負担の少ない重要な省エネ装置と言えるのでしょう！

> 太陽熱温水器には、いろんなタイプがあるんだね！

要点BOX
●太陽熱温水器は集熱器と貯湯槽（蓄熱槽、タンク）からなり、集熱器は熱媒（水、あるいは、不凍液）を循環させて太陽熱を集める部分です。

(a) タンク一体型・太陽熱温水器（自然循環式）と代表の集熱器

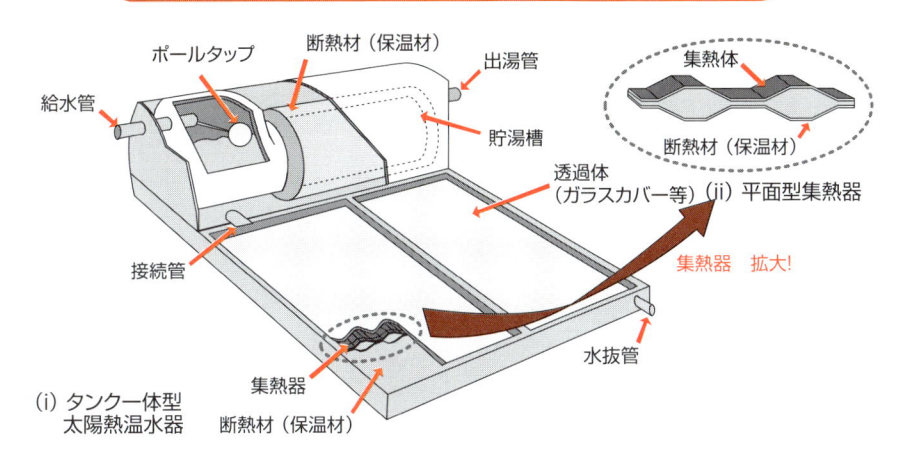

- ボールタップ
- 断熱材（保温材）
- 出湯管
- 給水管
- 貯湯槽
- 接続管
- 透過体（ガラスカバー等）
- 集熱器
- 断熱材（保温材）
- 水抜管

(i) タンク一体型太陽熱温水器

集熱器 拡大！

- 集熱体
- 断熱材（保温材）

(ii) 平面型集熱器

(b) タンク分離型・太陽熱温水器（強制循環式）

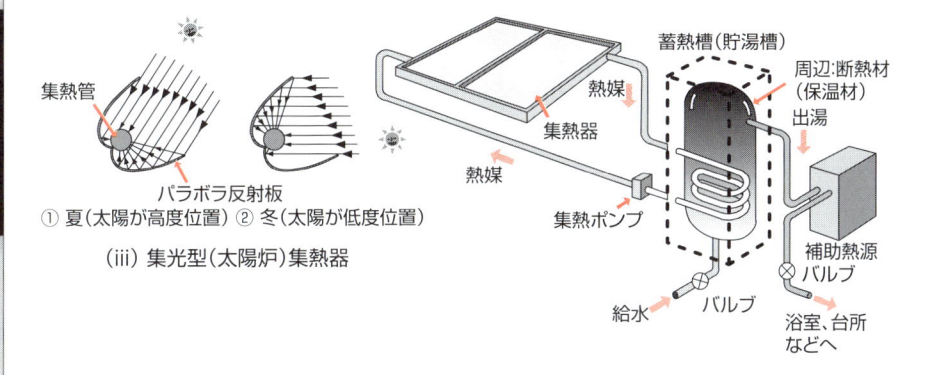

- 集熱管
- パラボラ反射板
- ① 夏（太陽が高度位置） ② 冬（太陽が低度位置）

(iii) 集光型（太陽炉）集熱器

- 集熱器
- 熱媒
- 集熱ポンプ
- 蓄熱槽（貯湯槽）
- 周辺：断熱材（保温材）
- 出湯
- 補助熱源
- バルブ
- 給水
- バルブ
- 浴室、台所などへ

(c) 太陽熱温水器には、各種タイプがあるね！

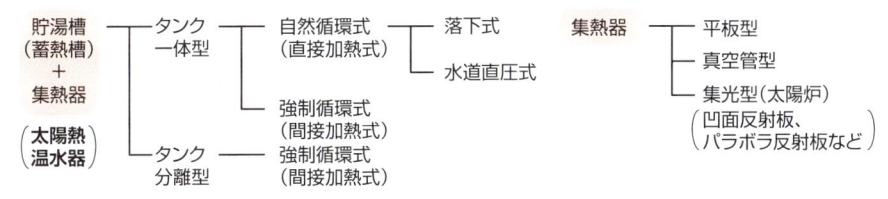

- 貯湯槽（蓄熱槽）＋集熱器（太陽熱温水器）
  - タンク一体型
    - 自然循環式（直接加熱式）
      - 落下式
      - 水道直圧式
    - 強制循環式（間接加熱式）
  - タンク分離型
    - 強制循環式（間接加熱式）
- 集熱器
  - 平板型
  - 真空管型
  - 集光型（太陽炉）（凹面反射板、パラボラ反射板など）

（注）この他、ヒートポンプ、あるいは、太陽光発電などを併用したもの等があります！

用語解説

パラボラ反射板（Parabolic Reflector）：光が放物面に対して垂直に入射するようにし、放物面の焦点で熱が集まる集熱体をさします！

● 第5章　新エネルギーとは、どんなもの？

57 温度差による熱発電とは？

電子デバイスによる熱―電気エネルギー変換とは？

　自然エネルギーの中の温度差（高温部と低温部との差）によるエネルギー発生（熱発電）を見てみましょう！電気的に異なる2種類の導電体を用いて閉回路を作り、二つの接合部（例えば、アーク溶接した部分）を互いに異なった温度に保つと、その温度差に相当した起電力が発生します（図(a)i参照）。つまり、熱エネルギーを電気エネルギーへ変換する"熱発電"になります。この現象を"ゼーベック効果"と呼び、単位温度差あたりに発生する熱起電力を"ゼーベック係数"と呼びます。この効果とは逆に、前述した閉回路に電流を流しますと、一方の接合部に発熱が、他方の接合部に吸熱が起こります。つまり、二つの接合部に温度差が生じます。この現象を"ペルチェ効果"と呼びます（図(a)ii参照）。これら二つの効果を利用するための材料を"熱電材料"と呼びます。
　具体的な熱電材料としては、n型とp型半導体素子を直列に接続し、かつ、温度差がある方向に対して平行に素子を並べて構成します（熱電変換素子、あるいは、ゼーベック素子と呼称）（図(b)参照）。実際は、発電能力を高めるために熱電変換素子を複数個直列接続してモジュール構成（図(c)参照）を用いますが、素子の熱伝達が悪い場合や発電のための装置部材の比熱、熱抵抗の影響で熱伝達損失が生じる場合、温度の低下を招きます。このために"ヒートパイプ"を用いて熱伝達を良くし、温度の低下を防止します。
　用いる熱エネルギーは、ゴミ焼却炉、工業炉などの未利用の廃熱エネルギーや温泉の湯熱などで、これらの熱エネルギーから発電を行います。例えば、温泉の湯気（約100℃）と水道水（約20℃）の温度差を利用し、ゼーベック素子5枚を用いて約15Wの電力を得た実用化試験の報告があります（図(d)参照）。
　このように、2種類の異なる導電体と温度差によって熱エネルギーを電気エネルギーに変換する熱発電は、優しいエネルギーと思われます！

要点BOX
- 二つの接合部を異なる温度に保つと、その温度差に相当した起電力が発生（ゼーベック効果）、つまり、熱発電になります！

(a) 異種導電体接合による熱発電と発熱・吸熱

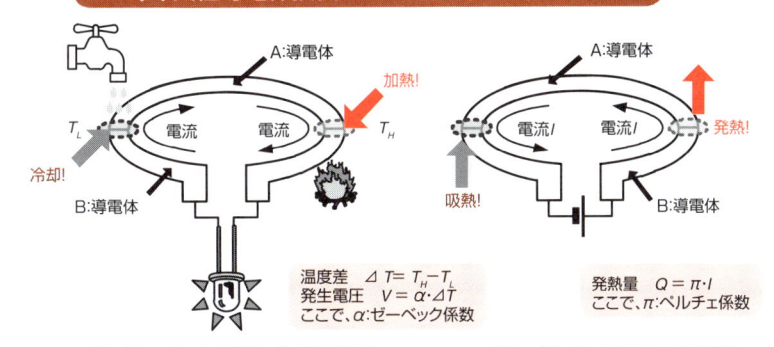

(i) ゼーベック効果による熱発電

温度差 $\Delta T = T_H - T_L$
発生電圧 $V = \alpha \cdot \Delta T$
ここで、α:ゼーベック係数

(ii) ペルチェ効果による発熱

発熱量 $Q = \pi \cdot I$
ここで、π:ペルチェ係数

(b) 半導体による熱電変換素子の構造一例

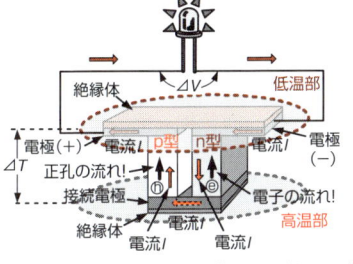

出典:武藤 佳恭ほか、"温度差発電の仕組みと実証事例"、電気計算、2012-8

(c) 熱電変換モジュールの構造一例

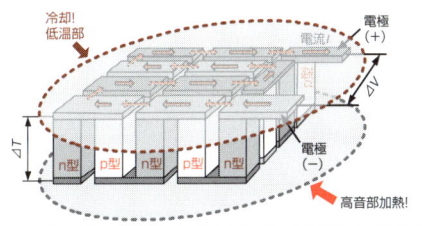

出典:武藤 佳恭ほか、"温度差発電の仕組みと実証事例"、電気計算、2012-8

(d) 温度差発電(熱発電)装置

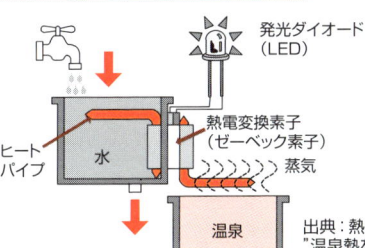

出典:熱海市役所、総務部 総合政策推進室、"温泉熱を利用した低温度差発電の取組み"

用語解説

閉回路:スイッチや半導体素子などの接続が閉じていて、流れる電流経路が確立されている回路状態をさします!

ヒートパイプ:密閉され真空にされた外管と内管の二重構造で、その中に作動液を充填したパイプです。この内管に温水を通すと作動液が内管周辺の熱を吸収して蒸発し、蒸気流になって低温部(外管の内壁)へ移動し、蒸気は低温部で冷却され凝縮し、凝縮した作動液は重力や毛細管現象によって内管の高温部へ戻されます。つまり、"蒸発→移動→凝縮"を繰り返しながら熱を連続的に高温部から低温部へ移動させる熱輸送素子で、熱伝導率を向上させることができます!

ゼーベック効果:温度差があると電圧が生じる現象で、1821年ゼーベック(T・J・Seebeck)によって発見され、"ゼーベック効果"と名づけられました!

58 風で電気を作ろう！

家庭用小規模風力発電とは？

●第5章 新エネルギーとは、どんなもの？

自然の風力で風車のブレード（羽根）を回し、その回転運動を変換して電気エネルギーを作り出す発電システムが風力発電です。この風車を使って風から得られるエネルギーは、風速 V [m／s]、風車の受風面積 A [m²]、空気密度 $ρ$ [kg／m³]、風車のパワー係数 C_p（通常 0.3〜0.4）により得られる風エネルギーの約 40 [％] 前後を電気エネルギーに変換し、電力として取り出せる発電です。

風力発電の基本構造は、風車、発電機、増速機、ヨーコントローラなどから成り（図(b) 参照）、風車には水平軸型と垂直軸型があります。前者の代表であるプロペラ型は、中規模（10kW〜100kW程度）から大規模（1・5MW 前後）発電に用いられるタイプで、1〜5枚のブレードからなり、安定した電力が得られますが、風向きに対する制御が必要になります。後者の風車は家庭用小規模（数百W〜数kW）発電等に用いられ、各種タイプがありますので適材適所での選択

が必要と思われます（図(c) 参照）。

この風車の回転に必要な最低風速を"カットイン風速"と呼び、定格出力を得た後の強風に対しては安全のために発電を停止し、その風速を"カットアウト風速"と呼びます（図(d) 参照）。各風力発電の必要風速は、中規模で平均 5〜6 [m／s]、家庭用小規模で平均 2 [m／s] 前後です。

風力発電の利用形態は、①風のある時のみ用いるシステム（負荷直結方式）、②発電出力をバッテリーに蓄え、必要な時に用いるシステム（バッテリーチャージ方式）、③電力不足時にディーゼル発電機を併用するシステム（内燃機関併用方式）、④商用電気との相互乗り入れシステム（系統連系方式）などがあります。

この風力発電は、風力利用のためにエネルギー源としてはやや不安定な発電であり、騒音（低周波音）、落雷など環境への影響が話題になってはいますが、家庭用小規模発電では環境問題がないと言われています。

要点BOX
●自然の風力を利用して風車のブレード（羽根）を回し、その回転運動を変換して電気エネルギーを作り出す発電システムが風力発電です！

(b) 風力発電の基本構造

- ブレード(羽根)
- 増速機(ギアーボックス)(回転を増速する装置)
- 風速風向計(制御に必要なデータの収集)
- 発電機
- ナセル(収納箱)
- ヨーコントローラ(風向に応じて風車の向きを制御)
- ブレーキ
- 電気ケーブル
- 変圧器
- 制御器

(a) 風力発電のパワー式(P)

$$P = (係数/2) \times 空気密度 \times 面積 \times (風速)^3$$
$$= (C_p/2) \times \rho \times A \times V^3$$

(d) 風力発電のパワーカーブ一例

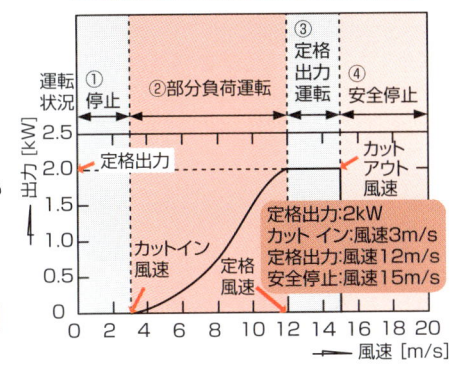

運転状況: ① 停止 / ② 部分負荷運転 / ③ 定格出力運転 / ④ 安全停止

- 定格出力:2kW
- カット イン:風速3m/s
- 定格出力:風速12m/s
- 安全停止:風速15m/s

カットイン風速、定格風速、定格出力、カットアウト風速

縦軸:出力[kW] (0〜2.5)、横軸:風速[m/s] (0〜20)

出典:日本小形風車発電協会、"小形風車導入手引書 — 第1版"、p.31、2012年7月を参考に作成

(c) 風車のいろいろ

	水平軸風車	垂直軸風車		
	プロペラ型	ダリウス型	ジャイロミル型	サボニウス型
風車外形	(図)	(図)	(図)	(図)
力の種類	揚力	揚力	揚力	抗力
効率	70%	50%	25%	25%
特徴など	☆風力発電の風車に多く使われる! ☆羽根数は、1〜5枚! ☆風向きに対する制御必要!	☆羽根の形状が縄跳びの縄のような曲線! ☆自己起動に乏しいためにサボニウスとの組み合わせで!	☆直線翼垂直軸型とも呼ばれる! ☆翼断面は対称翼!	☆起動トルクが大きいために起動性よい!

出典:日本小形風車発電協会、"小形風車導入手引書 — 第1版"、pp.21-22、2012年7月 を参考に作成

用語解説

揚力(ようりょく:lift)、抗力(こうりょく:drag):揚力は持ち上げる力、抗力は押す力のことです!

低周波音(ていしゅうはおん):低周波音とは、一般に周波数100Hz以下の音をさし、20Hz以下の音を超低周波音と呼んでいます。20Hz以下の音を人間の聴覚では基本的に感知することができません。この音域では、相当強い音圧でなければ通常、人間は感知できませんが、窓がガタガタと鳴るなどの共鳴音が起きる原因となります。また、健康に悪影響があるとも言われており、研究がなされています!

● 第5章 新エネルギーとは、どんなもの？

59 バイオマスエネルギーとは？ その1

バイオマス発電とは？

バイオマスエネルギーのバイオは"生物"、マスは"量"を意味し、生物をベースにした有機物資源（化石資源を除く）からエネルギーを得ることを"バイオマスエネルギー"と呼びます。このバイオマスエネルギーの資源には栽培資源系（木材、トウモロコシ等）と廃棄物資源系（鶏フン、間伐材、家庭の生ゴミ等）があります。前者による発電を"バイオマス発電"、後者による発電を"廃棄物発電"と呼びます。前者の発電は、木材等を直接燃焼させ、蒸気タービンを廻して発電するタイプ（蒸気タービン式）（図a参照）とガスタービンを廻し発電するタイプ（ガスタービン式）があり、"木質バイオマス発電"と呼ばれることもあります。

このバイオマス資源から得られるエネルギー形態は、①エネルギーとして直接用いる固体燃料、②資源を発酵させてガス化して用いる気体燃料、あるいは、③液状化して用いる液体燃料があります（図b参照）。

固体燃料は、木質ペレット、廃材などを直接燃焼させて用いる他に古紙やプラスチックを固形燃料に変えて用いる法（RPF）、あるいは、可燃性ゴミ、家庭からの生ゴミ等を固形燃料に変えて用いる法（RDF）があります。また、気体・固体燃料は、ディーゼル発電機や車の燃料用に有機資源物をバイオエタノールやバイオディーゼル燃料（BDF）に変えて用いる法です。

このBDFは、欧州では菜種の新油、米国ではトウモロコシや大豆の新油、日本では廃食油等から生成しています。このBDFの生成には資源の水分を除去（加熱）し、メタノール添加によってエステル交換（反応）を行い分離させ、分離したグリセリンは廃液処理し、残りのエステルを洗浄して加熱後、ろ過してBDFを得ます（図c参照）。

このようにバイオマスエネルギーは、CO_2を排出しますが、有機物の成長過程で大気中のCO_2を吸収しますのでプラスマイナス・ゼロ（"カーボンニュートラル"）、つまり、環境にやさしいエネルギーなのです！

要点BOX
●バイオマスエネルギーには栽培資源系（木材、トウモロコシ等）と廃棄物資源系（鶏フン、間伐材、家庭の生ゴミ等）があります！

(a) 木質バイオマス発電一例

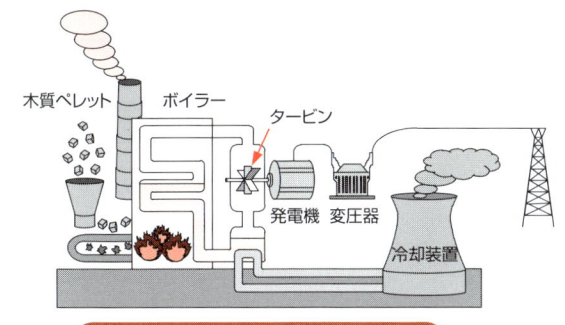

木質ペレット　ボイラー　タービン　発電機　変圧器　冷却装置

(b) バイオマス燃料の利用形態

気体燃料　バイオガス（メタンガス）

バイオマス資源

固体燃料　木材、木炭、まき、廃材、サトウキビの搾りかす等

液体燃料　バイオディーゼル油（BDF）　バイオエタノール

(c) バイオディーゼル(BDF)燃料の製造工程一例

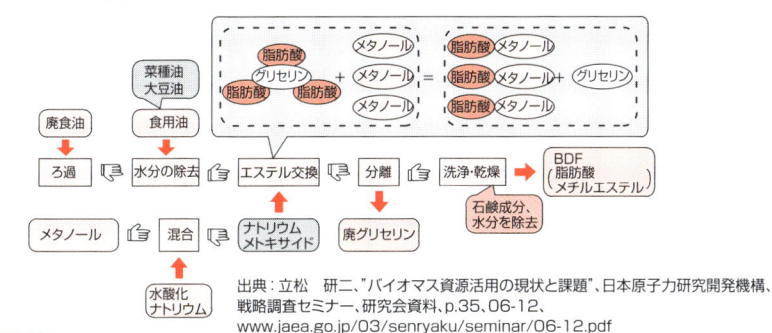

菜種油・大豆油

廃食油 → ろ過 → 食用油 → 水分の除去 → エステル交換 → 分離 → 洗浄・乾燥 → BDF（脂肪酸メチルエステル）

メタノール → 混合 → ナトリウムメトキサイド

水酸化ナトリウム

廃グリセリン

石鹸成分、水分を除去

脂肪酸／グリセリン／脂肪酸／脂肪酸 ＋ メタノール／メタノール／メタノール ＝ 脂肪酸メタノール／脂肪酸メタノール／脂肪酸メタノール ＋ グリセリン

出典：立松　研二、"バイオマス資源活用の現状と課題"、日本原子力研究開発機構、戦略調査セミナー、研究会資料、p.35、06-12、www.jaea.go.jp/03/senryaku/seminar/06-12.pdf

用語解説

RPF：RPFとは Refuse Paper and Plastic Fuel の略で、古紙＆プラスチック燃料のことです!
RDF：RDFとは Refuse Derived Fuel の略で、廃棄物固形燃料のことです!
BDF：BDFとは Bio Diesel Fuel の略で、バイオディーゼル燃料のことです!
カーボンニュートラル(Carbon Neutral)：植物は燃焼しますと二酸化炭素（CO_2）を排出しますが、植物の成長過程では光合成により大気中の二酸化炭素（CO_2）を吸収しますので排出と吸収によって二酸化炭素（CO_2）はプラスマイナス・ゼロになります。このような炭素循環を"カーボンニュートラル"と呼びます!

● 第5章 新エネルギーとは、どんなもの？

60 バイオマスエネルギーとは？ その2

廃棄物発電とは？

廃棄物資源系バイオマスエネルギーの代表として"廃棄物発電"があります。この廃棄物発電の資源としては、廃材、一般ゴミ、廃プラスチック、都市ゴミなどです。これらの資源に水蒸気を供給しながら加熱（650〜850℃）しますと蒸し焼き状態になり、水素を含む燃料ガスが生成します。これに改質触媒を添加しますとガス中に含まれる有機物が分解し、水素（H_2）、一酸化炭素（CO）が大半を占める燃料ガスになります（図a参照）。このガスをタービンへ送り込み発電するのが、"廃棄物発電"です。この発電システムでは、有機物の分解時にダイオキシンや多環芳族炭化水素などの有害物質が同時に分解されますので環境負荷低減の意味において、"自然にやさしい"発電となります！

一方、一般ゴミや生ゴミ等を木質ペレットの代わりにバイオマス発電の資源として直接燃焼させて用いる廃棄物発電もあります。この発電の際、発生する排熱を周辺地域の冷暖房や温水として用いることを"コージェネレーション"と呼びます（61項参照）。

廃棄物資源の応用例としては、中国農村地域における"家庭用バイオガス・システム"が話題になっています（図b参照）。このシステムは、家畜のフン尿や生ゴミなどの有機性廃棄物を発酵処理して密閉タンクに投入し、その中で廃棄物を自然に流下させてメタンガス成分：約60％、二酸化炭素成分：約40％（変動率：約±10％）、1㎥あたり約6000キロカロリーの高熱量のバイオガスを得るもので、調理用コンロやガス灯などに用いています。廃棄物資源の内、古紙やプラスチックはマテリアルリサイクルが難しい資源ですので切断して破砕し、圧縮成形して高カロリー熱量のペレット（pellet）状、つまり、古紙＆プラスチック固形燃料（RPF）にして用います（図c参照）。

このように、廃棄物を用いた"バイオマスエネルギー"は地球にやさしいエネルギーなのです！

要点BOX
● 都市ゴミなどを高温で燃焼処理して発電するのが"廃棄物発電"です。また、発酵処理してバイオガスを生成させる事例があります！

138

(a) 廃棄物ガス化発電のプロセス概念図

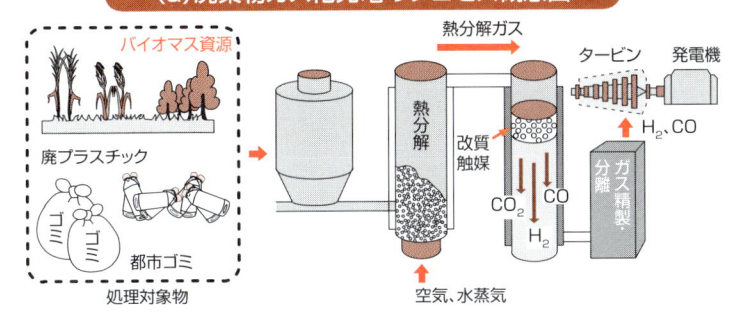

出典：小林 潤、"可燃ごみをエネルギーと考える～廃棄物発電の高効率化～"、国立環境研究所ニュース、28(6)、循環型・廃棄物研究センター資源化・処理処分技術研究室、http://www.nies-go.jp/kanko/news/28/28-6/28-6-04html

(b) 家庭用バイオガス・システムの一例

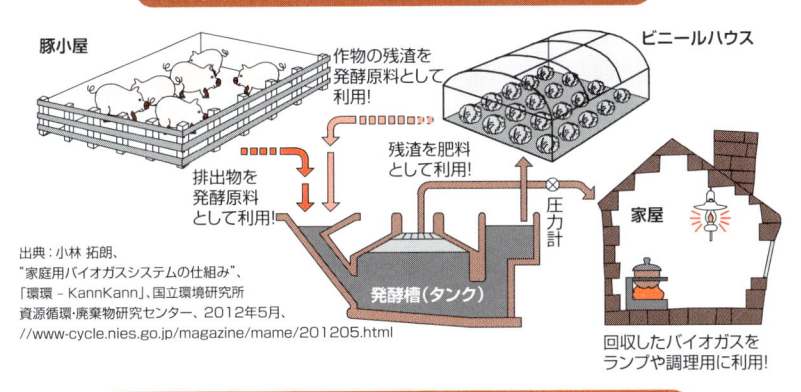

出典：小林 拓朗、"家庭用バイオガスシステムの仕組み"、「環環 - KannKann」、国立環境研究所資源循環・廃棄物研究センター、2012年5月、//www-cycle.nies.go.jp/magazine/mame/201205.html

(c) 古紙&プラスチック固形燃料(RPF)の製造工程一例

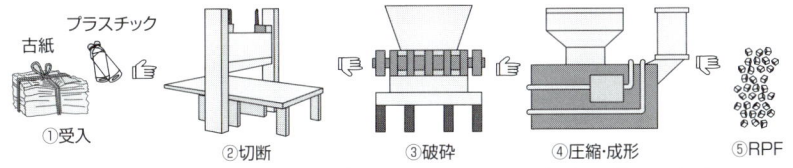

①受入 → ②切断 → ③破砕 → ④圧縮・成形 → ⑤RPF

出典：市原グリーン電力株、"バイオマス発電とは－RPFとは"、http://www.mes.co.jp/gpw/business/blomass.html

用語解説

ダイオキシン(Dioxin)：農薬を作る際に不純物としてできる他、工業的に製造する物質ではなく、ポリ塩化ビニルなどの家庭ゴミを焼却する過程において自然に生成される物質で、有害な有機塩素化合物です！

多環芳香族炭化水素(Polycyclic Aromatic Hydrocarbon：PAH)：ベンゼン環を二つ以上有する芳香族炭化水素の総称で、発がん性、遺伝子変異性、内分泌攪乱作用等を有するものがあると言われています。自動車の多い都市や排ガスが多く放出される工場地帯では、PAHを含む大量の排煙によって肺がんや喘息等の疾患増加が大きな社会問題になっています！

マテリアルリサイクル(Material Recycle)：材料リサイクル、材料再生、再資源化、再生利用などと呼ばれ、ゴミを原料として再利用することで、一般的に環境負荷が小さいとされています！ 一方、廃棄物を燃やした際に発生する熱をエネルギーとして利用することを"サーマルリサイクル(熱回収)"と呼びます！

● 第5章　新エネルギーとは、どんなもの？

61 地域でのコージェネレーションとは？

コージェネレーションはともに生み出すの意味で、天然ガス、石油、LPガス等を燃料としてエンジン、タービン、燃料電池などにより発電して利用し、また、その際に生じる廃熱を同時に回収して用いる"熱電併用供給（略称：熱電併給）システム"を"コージェネレーション"と呼びます（図(a)参照）。この回収した廃熱は、蒸気や温水として工場の熱源、地域の冷暖房や給湯などに利用し、このシステムは、本来持っているエネルギーの約75〜80%と高いエネルギー効率を実現します（図(b)参照）。

このコージェネレーションを高効率で使用するには、電力需要と熱需要の規模に応じて導入規模を設定しますが、燃料の種類や発電効率によって発電コストに差が生じます。また、運転効率を最大化するために定格出力で一定運転をすることが望ましいのですが、電気需要の変動がありますのでシステムオーバーの需要時には商用電気（系統連系）で賄うことになります。

したがって、コージェネレーションの大規模導入には、電気事業者との買電（売電）の円滑化が一つの課題になります。主なコージェネレーションを次に記します。

① 天然ガス：全システムの総発電容量の約49%を占め、10〜100kW（小規模業務用）の小型ガスエンジン、200〜1000kW（中規模業務用）の中型ガスエンジン、1000〜7000kW（大規模業務用、産業用等）の大型ガスエンジン、ガスタービンが使用されます。

② 石油：全システムの総発電容量の約36%を占め、1000〜2000kW（中規模産業・業務用、病院用等）のディーゼルエンジンが主に用いられます。

③ LPガス：全システムの総発電容量の約5%を占め、10〜100kW（小規模業務用）の小型ガスエンジンが用いられます（図(c)参照）。

このように地域でのコージェネレーションは、街のエネルギー効率向上に寄与します。

街のエネルギー効率向上に寄与するコージェネレーション！

要点BOX
● コージェネレーションは、電力と熱を作り出すエコなシステムで、ガスタービン、ガスエンジン、ディーゼルエンジン等が用いられます！

(a) ガスタービン・コージェネレーションシステム概念図

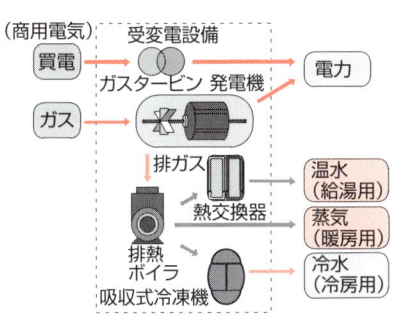

(商用電気)
買電 → 受変電設備 → 電力
ガス → ガスタービン 発電機
排ガス → 熱交換器 → 温水(給湯用)
　　　　　　　　　　蒸気(暖房用)
排熱ボイラ 吸収式冷凍機 → 冷水(冷房用)

出典：資源エネルギー庁、省エネルギー・新エネルギー部、新エネルギー対策課、新エネルギー便覧、平成15年度版、経済産業調査会、2004年3月、pp.62-69

(c) コージェネレーションの燃料

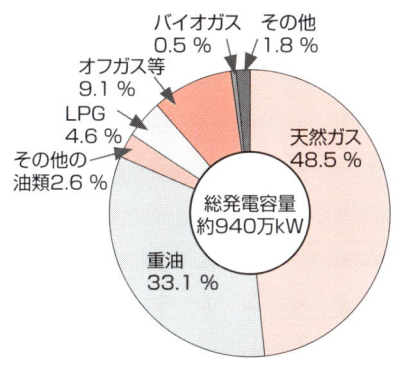

- バイオガス 0.5 %
- その他 1.8 %
- オフガス等 9.1 %
- LPG 4.6 %
- その他の油類 2.6 %
- 天然ガス 48.5 %
- 重油 33.1 %

総発電容量 約940万kW

出典：資源エネルギー庁、"熱電併給(コジェネ)推進室資料集"、2012年9月、もとデータ:(財)コージェネレーション・エネルギー高度利用センター、2011年3月末現在
http://www.enecho.meti.go.jp/policy/cogeneration/1-1.pdf

(b) コージェネレーションにおけるエネルギー利用のイメージ図

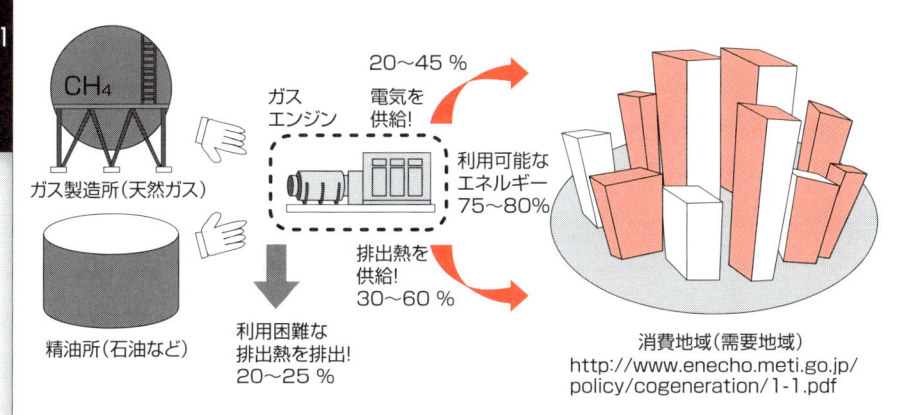

CH₄
ガス製造所(天然ガス)
精油所(石油など)

ガスエンジン
電気を供給！ 20〜45 %
利用可能なエネルギー 75〜80%
排出熱を供給！ 30〜60 %
利用困難な排出熱を排出！ 20〜25 %

消費地域(需要地域)
http://www.enecho.meti.go.jp/policy/cogeneration/1-1.pdf

出典：資源エネルギー庁、"熱電併給(コジェネ)推進室資料集"、2012年9月、もとデータ:(財)コージェネレーション・エネルギー高度利用センター、2011年3月末現在

用語解説

ガスタービン方式：燃料の燃焼によって高温の気体を発生させ、その蒸気によってタービンを廻して発電します！
ガスエンジン方式：気体燃料の燃焼によってピストンエンジンを動かして発電します！
ディーゼルエンジン方式：ピストンで空気を圧縮して高温高圧の空気にさせ、これによって軽油等の液体燃料を噴射し、自然着火させて膨張させることによりエンジンを動かす発電です！
吸収式冷凍機：吸収力の高い液体に冷媒を吸収させ、別の位置にある冷媒を低圧で気化させて低温を得る冷凍機です！

62 家庭用コージェネレーションとは？

燃料電池（エネファーム®）による発電と温水発生とは？

地域でのコージェネレーション（61項参照）は、大型システムですが、家庭で用いる電気と温水を一緒に作り出す家庭用コージェネレーション（例・エネファーム®：燃料系企業の登録商標）は小型システムです（図(a)参照）。

この家庭用コージェネレーションは貯湯ユニットと発電ユニットからなり、前者の貯湯ユニットは温水を貯めるタンクです。後者の発電ユニットは、燃料処理装置（改質装置）でメタンを主成分とする都市ガスと水蒸気を反応させて水素を生成する部分、および、この水素と酸素を燃料電池本体（セルスタック）で化学反応（電気分解と逆の反応を利用して電気と水を発生）させる部分です。この発生した電気は、インバータによって家庭用電気（交流）に変換して用います。

このシステムの燃料電池は、燃料極、電解質、空気極などのセルが積み重なって（セルスタック）できています。このセルの電気発生のしくみは、次のようです。

① 燃料極⊖と空気極⊕は気体を通す構造で、その中に反応に必要な水素と酸素を通します。② 水素は燃料極に触れると電子を切り離し、水素イオンになります。電解質はイオンしか通しませんので水素イオンは電解質に入り、電子は外部へ出ていき、燃料極から空気極への移動（電気の流れ）が起こります。③ 一方、電解質に入った水素イオンは電気的に不安定なために空気極で安定しようとして電子を取り込み、酸素と反応して水になります。④ この水に変化する過程で電気が発生します（図(b)参照）。

この燃料電池には各種タイプがあり、使用温度、効率、発電能力等の特性が異なります。家庭用には数kW程度の固体高分子型燃料電池が使用されます（図(c)参照）。

このように燃料電池による発電は、電気と温水（熱）が同時に作られますので手軽な家庭でのコージェネレーションなのです。

要点BOX
● 家庭用コージェネレーションは、貯温水タンクと水素生成の改質装置と水素と酸素を化学反応させ、電気と水を生成する部分から成ります！

(a) 家庭用コージェネレーションシステム(エネファーム®)一例

(注1) このシステムは"エネファーム®"の一例です。エネファーム名は東京ガス、大阪ガス、JX日鉱日石エネルギー(旧新日本石油)の登録商標です!

(注2) 温水不足時には、熱源機によって温水供給を補います!

出典:大村 俊哉、"燃料電池開発物語"、市ヶ谷出版、設備開発物語、2010年5月、pp. 174-175

(b) 家庭用燃料電池の基本構造と動作

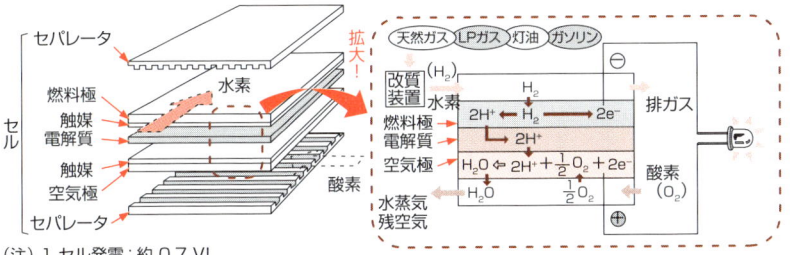

(注) 1 セル発電:約 0.7 V!
例:1 kW発電では、約 50 個セル使用!

出典:日本ガス協会、"1-2, 燃料電池のしくみ"、http://gas.or.jp/fuelcell/contents/01_2.html

(c) 燃料電池のいろいろ

	固体高分子型 (PEFC)	リン酸型 (PAFC)	溶融炭酸塩型 (MCFC)	固体酸化物型 (SOFC)
作動気体(燃料)	水素	水素	水素、一酸化炭素	水素、一酸化炭素
電解質	イオン交換膜	リン酸	炭酸リチウム 炭酸カリウム	安定化ジルコニア
触媒	白金	白金	不要	不要
作動温度[℃]	80〜100	190〜200	600〜700	700〜1000
発電効率[%]	30〜40	35〜45	50〜65	50〜70
発電出力[W]	〜数十 k	100〜数百 k	250 k〜数 M	〜数十 M
用途	家庭用、携帯端末、小形業務用など	業務用、工業用など	工業用、分散電源用など	工業用、分散電源用など

用語解説

改質装置:改質装置は、ガスの主成分であるメタン(CH_4)を化学反応させて、燃料の水素(H_2)を作る装置です!

セルスタック (Cell Stack):燃料電池のセルは、発電する電圧が低い(約0.7V程度)ために大きな電圧を得るのには、いくつかセルを積み上げます。これを"セルスタック"と呼びます!

PEFC:Polymer Electrolyte (Membrane) Fuel Cellの略称です!
PAFC:Phosphoric Acid Fuel Cellの略称です!
MCFC:Molten Carbonate Fuel Cellの略称です!
SOFC:Solid Oxide Fuel Cellの略称です!

● 第5章 新エネルギーとは、どんなもの？

63 熱を汲み上げる装置ってなぁーに？

ヒートポンプって何だろう！

ヒートポンプ(Heat Pump)の"heat"は"熱"、"pump"は"汲み上げる"の意味で、熱を移動させて冷却と加熱を実現する技術をさし、移動させる方向を変えれば冷凍(冷房)にも加熱(暖房)にも使える技術です。言い換えると、ヒートポンプは再生可能エネルギー(太陽熱や地下熱など)を上手く利用する技術なのです(図(a)参照)。このヒートポンプは、欧州では再生可能エネルギーと定義され(2008-12-17、EU指令案)、日本では普及主要施策(2009-12-30)として挙げられています。

ヒートポンプは、①気体に圧力が加わると温度が上がり、圧力が下がると温度が下がる現象(ボイル・シャルル法則)、②熱が温度の高い所から低い所へ流れる現象(熱力学第2法則)を利用しています。このヒートポンプは、蒸発器、圧縮器、凝縮器、膨張弁、および、これらをつなぐ冷媒管などから成り、冷媒管内には熱を運ぶ冷媒が充填されています(図(b)参照)。

このヒートポンプを冷房に用いる場合、室内の熱を蒸発器(熱交換器)で取り込み冷媒を気化し、蒸発器内の気化冷媒を圧縮機で圧縮して温度を上げさせ、これを室外機の凝縮器(熱交換器)で液体化し、熱のみを放出します。さらに液体化した冷媒を膨張弁で急激に圧力を下げ、温度を下げさせ、低温冷媒を蒸発器で気体化させながら室内の熱を取り込みます(冷房)。熱を取り込んだ冷媒は、前述と同じ作用をして冷房機能を果たします。また、暖房に用いる場合は、冷媒の流れを逆にして蒸発器を介して熱を外へ放出します。この冷房と暖房の切り替えは四方弁(66項参照)で行われます。

このようにヒートポンプは、熱の移動を蒸発器や凝縮器の熱交換器で行いますので、わずかな電力で作動させることができ、省エネ化の装置と言えるのでしょう！

要点BOX
●ヒートポンプは、熱を移動させて冷却と加熱を実現する技術をさし、移動させる方向を変えれば冷凍(冷房)にも加熱(暖房)にも使えます！

(a) ヒートポンプは再生可能エネルギーを利用する技術！

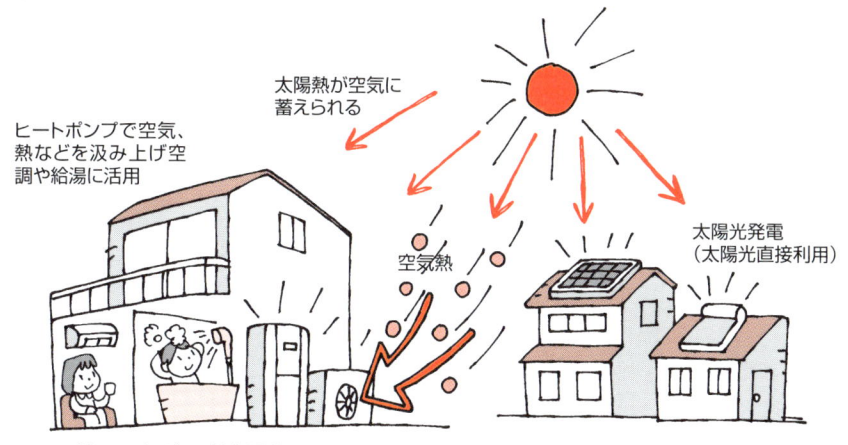

太陽熱が空気に蓄えられる

ヒートポンプで空気、熱などを汲み上げ空調や給湯に活用

空気熱

太陽光発電（太陽光直接利用）

(i) ヒートポンプ（太陽熱の間接利用）　　(ii) 太陽熱温水器（太陽熱の直接利用）

出典：射場本　忠彦　監修、"トコトンやさしい　ヒートポンプの本"、日刊工業新聞社、pp.14-15、2010年7月

(b) ヒートポンプの基本動作（冷房時）

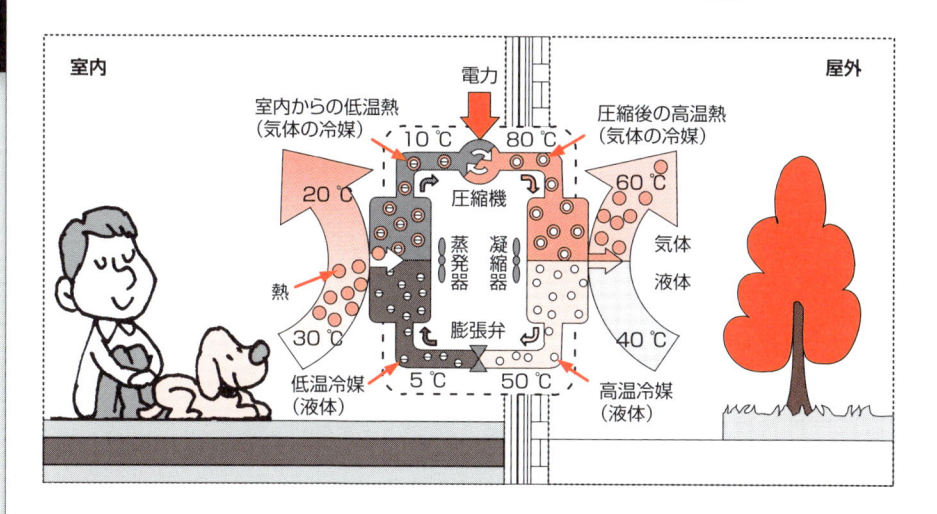

室内　　　　　　　　　　　　　　　　　　　　　　　　　　　　　　屋外

室内からの低温熱（気体の冷媒）　電力　圧縮後の高温熱（気体の冷媒）

10℃　80℃

20℃　圧縮機　60℃

蒸発器　凝縮器　気体

熱　　　　　　　　　　　　　　　　　液体

30℃　膨張弁　40℃

5℃　50℃

低温冷媒（液体）　　　　　　　　　高温冷媒（液体）

用語解説

冷媒（Refrigerant）：冷凍機や熱ポンプにおいて、低温の物体から高温の物体へ熱を運ぶ作動流体を"冷媒"と呼びます！

64 地中熱によるエアコンとはなあーに?

地下の熱はエネルギー源として役立っているんだ!

地下の熱エネルギーにはいろいろな温度域があり、この温度域によって各種の利用形態があります。

① 高温地熱エネルギー(200~350℃)：地下1000m程度のマグマで熱せられた地熱貯留層から噴出する高温高圧の熱エネルギーで、その蒸気を利用してタービンを廻して大規模な地熱発電を行います。

② 低・中温熱エネルギー(数十~百数十℃)：地表面、あるいは、浅い地層から沸き出す熱水で温泉や暖房などに直接利用される熱エネルギーですが、温度が低いために直接タービンを廻しての発電ができません。近年、この低・中温水を水より沸点の低い媒体(アンモニア水など)によって熱交換し、その蒸気でタービンを廻して発電する"バイナリー発電"が開発され、利用されています(図(a)参照)。

③ 地中熱エネルギー：浅い地層の地中熱エネルギーは、太陽光で暖められた熱が徐々に地下に伝わるために地下5~10m前後の箇所では、一年中ほぼ一定した温度になっています(図(b)参照)。この地中熱エネルギーをヒートポンプによって冷暖房や道路融雪などに利用します。この地中熱エネルギーを冷暖房に利用するには、冷蔵庫の冷やす原理と同じです。つまり、冷媒と呼ばれる作動流体(例：アンモニア等)が熱を受け取ると気化(蒸発)し、この気化熱によって冷気を作り冷やしますので、この気化した冷媒を圧縮機で圧縮しますと液化(凝縮)しますので、この凝縮による暖め作用を用いて暖房に使用します(図(c)参照)。

このようにヒートポンプによって、暖房では地中熱エネルギーを吸い上げ、冷房では地中熱エネルギーで冷やして冷暖房を実現します。このヒートポンプを用いずに地中熱エネルギーと床下からの空気を換気ユニットによって室内に循環させ、冷暖房する方法(ジオパワーシステム®)もあります。

要点BOX
● 地下の熱エネルギーにはいろいろな温度域があり、この温度域によって各種の利用形態があります。

(a)バイナリー発電のしくみ一例

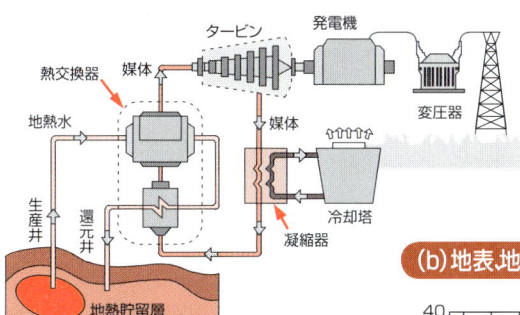

出典：石油天然ガス・金属鉱物資源機構、"地熱資源情報バイナリー発電"
http://geothermal.jogmee.go.jp/geothermal/type2.html

(b)地表,地中における年間の温度変化

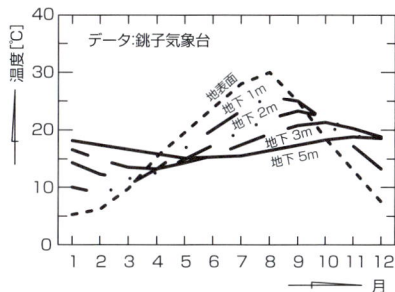

データ：銚子気象台

出典：エコハウス研究会、"外断熱の地中熱活用住宅"、
http://www.chinetsu.jp/chinetsu03.php

(c)ヒートポンプを用いた地中熱による冷暖房装置のしくみ

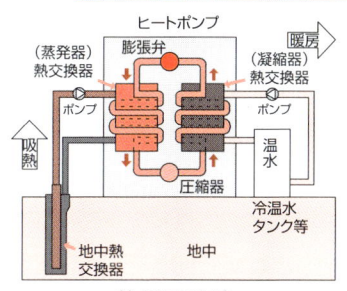

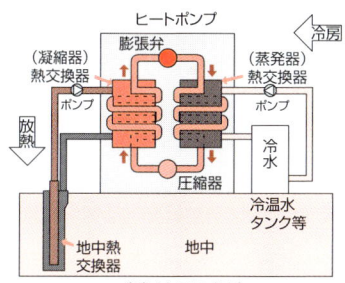

(i) 暖房の場合　　　(ii) 冷房の場合

出典：ゼネラルヒートポンプ工業株式会社、"地下熱対応ヒートポンプシステム －未利用エネルギー:地下水、地中熱、温泉排湯利用－"、
2009.6.17、ヒートポンプ・蓄熱センター未利用エネルギー活用研究会、http://www.zeneral.co.jp

用語解説

マグマ（magma）：地下の岩石が融解して生じる高温の液体で、それが地表から噴出するのが噴火、マグマが液体状態のまま火口から噴出したものが溶岩です！

媒体：冷凍機や熱ポンプなどにおいて、低温の物体から高温の物体に熱を運ぶ作動流体をさします！

バイナリー発電：中・低温の蒸気ではタービンを直接廻して発電できませんので水より沸点の低い媒体を熱交換し、その蒸気でタービンを廻して発電する方法をさします！

ヒートポンプ（Heat Pump）：気体の圧縮、膨張を熱交換して低温部分から高温部分へ熱を移動させることをさします！

凝縮：蒸気の熱が奪われて液体になる現象をさします！

65 熱を温水に換える給湯器ってなぁーに？

エコジョーズ®とエコキュート®は省エネ給湯器！

家庭の消費エネルギーは、一世帯約30％が給湯で消費されますので給湯器についてみてみます（3項参照）。

家庭用給湯器には、"ガス湯沸し器"と、"電気湯沸し器"があります。前者のガス湯沸し器には、水が熱交換器（一次交換器）を通る際にガスの燃焼排気ガスと熱交換してお湯を得る従来型（図(a)(i)参照）と排気中のガスと熱を戻し、つまり、排気中にひそむ潜熱を回収して熱効率を向上させる潜熱回収型（エコジョーズ®）（図(a)(ii)参照）があり、前者の熱効率は約80％、後者の熱効率は約95％と大幅に向上しています。

近年、省エネ化のために電気式自然冷媒ヒートポンプを用いた給湯器（エコキュート®）が製品化されています（図(b)参照）。この電気式自然冷却ヒートポンプを用いた給湯器は、大気中の熱をヒートポンプによって温水に換えるシステムです。つまり、①大気中の熱を空気用熱交換器へ取り込み、②熱交換器内の冷媒（CO_2）に熱を伝えます。③吸収された熱を持つ冷媒を電気コンプレッサへ運び、④コンプレッサで圧縮して温度を高めます。⑤圧縮され、高温になった冷媒の熱を水加熱用熱交換器内で水に伝えて温水にし、⑥循環ポンプによって貯湯タンクへ送ります。その後、⑦熱のなくなった冷媒は膨張弁によって低温化して空気用熱交換器へ送り込み、次の大気中の熱を取り込みます。以下、同じようにして温水を作りますが、タンクでの貯湯ですので水垢等の対策が必要になります。ここで、用いられる冷媒は不燃性のためにガス漏れに安全で、また、温水化に適している二酸化炭素（CO_2）を用いますので、このシステムを"CO_2ヒートポンプ給湯器"と呼ぶこともあります。

このように給湯器には、いろいろありますので省エネを考えての選択が必要と思われます。

要点BOX
- 家庭用給湯器には、効率向上を図ったガス給湯器（エコジョーズ®）、および、電気式自然冷媒ヒートポンプ給湯器（エコキュート®）があります！

(a) ガス式給湯器（従来型とエコジョーズ®）

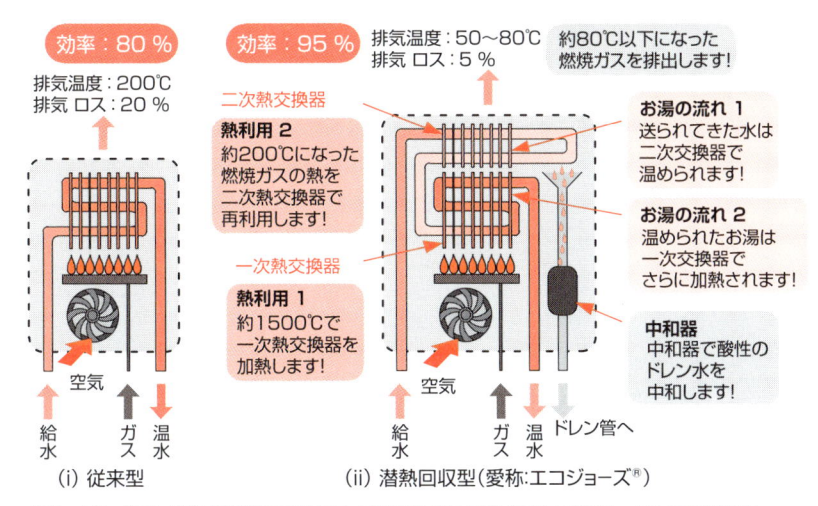

(i) 従来型
- 効率：80 %
- 排気温度：200℃
- 排気ロス：20 %
- 空気／給水／ガス／温水

(ii) 潜熱回収型（愛称：エコジョーズ®）
- 効率：95 %
- 排気温度：50～80℃
- 排気ロス：5 %
- 約80℃以下になった燃焼ガスを排出します！

- 二次熱交換器
- **熱利用 2**：約200℃になった燃焼ガスの熱を二次熱交換器で再利用します！
- 一次熱交換器
- **熱利用 1**：約1500℃で一次熱交換器を加熱します！

- **お湯の流れ 1**：送られてきた水は二次交換器で温められます！
- **お湯の流れ 2**：温められたお湯は一次交換器でさらに加熱されます！
- **中和器**：中和器で酸性のドレン水を中和します！

空気／給水／ガス／温水／ドレン管へ

出典：大野　隆司　監修、"初学者の建築講座　建築設備（第二版）"、(株)市ヶ谷出版、p.54、2006年9月

(b) 電気式自然冷媒ヒートポンプ給湯器（エコキュート®）

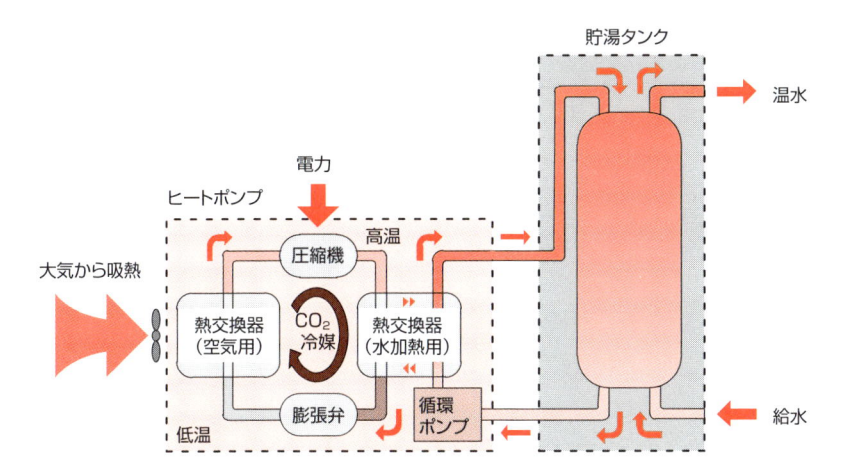

- 貯湯タンク
- 温水
- 電力
- ヒートポンプ
- 大気から吸熱
- 高温
- 圧縮機
- 熱交換器（空気用）
- CO_2 冷媒
- 熱交換器（水加熱用）
- 膨張弁
- 低温
- 循環ポンプ
- 給水

出典：斎川　路之、"エコキュート開発物語"、(株)市ヶ谷出版、
設備開発物語―建築と生活を変えた人と技術―、p.18-p.21、2010年5月

用語解説

エコジョーズ®(Eco Jyozu)：エコジョーズ®は、東京ガスの登録商標です！
エコキュート®(Eco Cute)：エコキュート®は、関西電力の登録商標です！
冷媒：ヒートポンプや冷凍機において　低温の物体から高温の物体に熱を運ぶ作動流体を"冷媒"と呼びます！
ドレン：ドレン（ドレン水）とは、空気が熱を失って凝縮した水のこと、つまり、排気ガスの熱が奪われ結露し、排気ガス中の窒素酸化物（NOx）が凝縮水に溶け込んで強酸性水になることで、汚水ですので排水溝や排水管（ドレン管）が必要になります。また、ドレンの熱エネルギーを回収して再利用することを"ドレン回収"と呼びます！

66 インバータエアコンはエコ家電の代表選手!

ヒートポンプを用いたエアコンでは、屋外の空気から熱を集めて室内に放出することで暖房を、室内の空気から熱を集めて室外に放出することで冷房を行っています（図(a)参照）。このヒートポンプを用いることによって入力エネルギーに対する出力エネルギーの比（性能係数：Coefficient of Performance 略してCOP）が6程度が得られ、1エネルギーを供給すれば、6の熱エネルギーが取り出せる性能向上が図られています。

ヒートポンプを用いたエアコンでは、ヒートポンプ内の圧縮器（コンプレッサ）とファンが電力のほとんどを消費します。このヒートポンプの圧縮機は、モーターの駆動周波数と電圧を可変してモーターの回転数を制御し、冷暖房の温度を制御します。このために商用電気を一旦、直流に変え、その直流の周波数と電圧を変えて行います（参考文献(1)参照）。この制御電気は、インバータで交流に戻され、モーターに供給されます。エアコンのスイッチを入れた直後、圧縮機に高い周波数の電気を印加して短時間で設定温度に達成させることができます。また、室内が設定温度に達した後、圧縮機に低い周波数の電気を供給して室温を設定温度付近で保てるようにします（図(b)参照）。

現在、エアコンのインバータにはパルス電圧振幅変調方式（Pulse Amplitude Modulation：PAM）を採用しているものがあり、これによって、従来インバータエアコンの力率が約90％に対してPAM方式では約99％と効率が向上しています。

このようにエアコンは、インバータを用いることによって細かい制御が可能になり、また、電力のほとんどが圧縮機（コンプレッサ）とファンによる消費となるために省電力化にも寄与するのです。

インバータエアコン！

要点BOX
●エアコンはヒートポンプを用いて冷暖房を行い、インバータはエアコンの圧縮機の回転を制御し、冷暖房の能力を制御します！

(a) エアコンは熱を移動させているだけ!

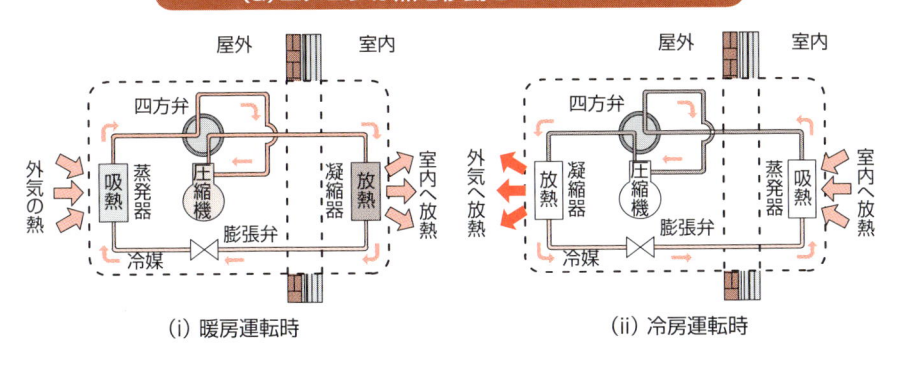

(i) 暖房運転時

(ii) 冷房運転時

(b) インバータエアコンとノンインバータエアコン比較

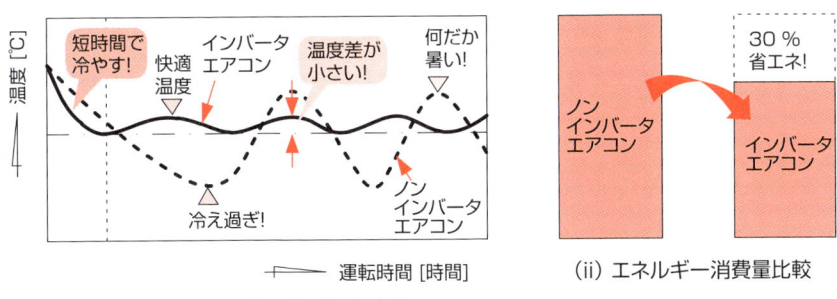

(i) エアコンの立ち上げ特性比較

(ii) エネルギー消費量比較

出典：ダイキン・カタログ，"楽しく，学ぼう！「エアコンと環境」"、//www.daikin.co.jp/crs/information/lecture/act01.html

---

用語解説

力率：入力電力に対する出力電力の割合を"力率"と呼びます！
PAM：Pulse Amplitude Modulation の略で、パルス電圧振幅変調方式のことです！

Column ⑤

夜間電力による冷暖房とは？（エコアイス®の運転パターンとは？）

氷蓄熱式空調システム（エコアイス®：東京電力の登録商標）は、割安な夜間電力を利用し、ヒートポンプを用いて蓄熱槽に夏氷を作り冷房に、冬は温水による除霜に使用するシステムで、熱の貯蔵媒体として水が温度によって氷や温水に変化することを利用した空調システムです。

このシステムは、昼間の電力のピーク需要を抑え、電力の負荷の平準化を行うとともに化石燃料比率の少ない夜間電力の利用により二酸化炭素（CO_2）の排出量を削減することができます。

このシステムは、200㎡程度の建物に適し、小規模の建物（事務所、店舗、飲食店、医院等）には、少し大きいために小規模（50～200㎡程度）の建物に対応するシステム（エコアイスmini®）が誕生しています。

このシステムは、夜間と昼間の分けることがポイントになります（図参照）。つまり、夜間の製氷時には室外機と蓄熱槽を冷媒が循環して蓄熱槽内に氷を蓄えます。一方、日中の冷房運転時には蓄えた氷の熱を利用して冷媒を過冷却し、冷房能力を向上させて標準エアコンより比較的少ないエネルギーで賄える特徴があります。この夏の冷房時の氷による潜熱蓄熱（50項参照）能力が高いため冷房効果は大ですが、冬の暖房時の顕熱利用は、冷房時ほどの効果がないようです。

このように、氷蓄熱式空調システムは夜間電力を用いて昼間電力のピークカットの役割がありますが、純粋な省エネ化とは異なります。

夜間電力利用による氷蓄熱式空調システム（エコアイス®）の運転パターン

(i) 夏の冷房時の運転パターン

(ii) 冬の暖房時の運転パターン

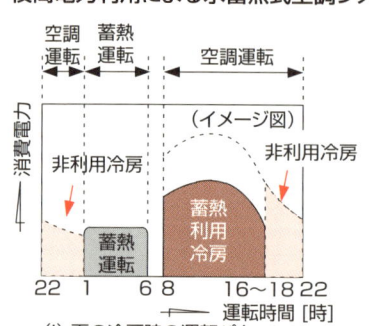

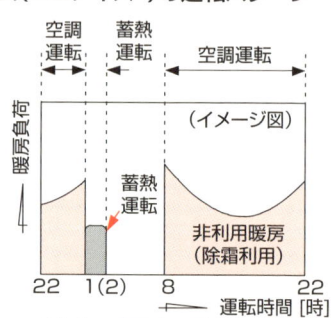

出典：日立アプライアンス（株）、氷蓄熱空調システム、http://www.hitachi-ap.co.jp

【参考文献】(注：代表的な参考文献のみ、順不同)

(01) 鈴木 八十二編、「トコトンやさしいエコ・デバイスの本」、日刊工業新聞社、2012年6月
(02) 山川 文子、「トコトンやさしい省エネの本」、日刊工業新聞社、2011年8月
(03) 武田 康男 監修、「天気の大常識」、ポプラ社、2004年7月
(04) 宮沢 清治、「天気図と気象の本」、国際地学協会、1979年8月
(05) 井上 牧ほか、「エコハウスの設計」、オーム社、2004年6月
(06) 宿谷 昌則ほか、「建築の設備」、彰国社、2009年7月
(07) 永井 隆昭、「トコトンやさしい風力の本」、日刊工業新聞社、2002年12月
(08) 谷田貝 光克、「森林の不思議」、現代書林、1995年11月
(09) 立本 英機、「おもしろい炭のはなし」、日刊工業新聞社、2000年12月
(10) 立本 英機 監修、「トコトンやさしい炭の本」、日刊工業新聞社、2002年7月
(11) 内村 悦三、「竹への招待」、研成社、1994年2月
(12) 射場本 忠彦 監修、「トコトンやさしいヒートポンプの本」、日刊工業新聞社、2010年7月
(13) 森 みわ、「世界基準のいい家を建てる」、PHP研究所、2009年7月
(14) 北海道新聞サミット特集、「地球を未来に手渡すために(Cise-traditional Ainu housing 大地の熱を抱きとめる家)」、北海道新聞社、2008年7月
(15) 宮内庁正倉院事務所、正倉院紀要 第23号(平成13年)、第25号(平成15年)
(16) 野池 政宏・米谷 良章、「本当にすごいエコ住宅をつくる方法」、エクスナレッジ、2011年11月
(17) 竹内 昌義・森 みわ、「図解エコハウス」、エクスナレッジ、2012年12月
(18) 石福 昭ほか 編修、「設備開発物語 ─ 建築と生活を変えた人と技術」、市ヶ谷出版社、2010年5月
(19) 大野 隆司 監修、「初学者の建築講座 建築設備(第二版)」、市ヶ谷出版社、2006年9月
(20) 非電化工房、www.hidenka.net/indexj.htm

排ガス(排気)低減化	44
廃棄物エネルギー	126
廃棄物資源系	136
廃棄物資源系バイオマスエネルギー	138
廃棄物発電	136,138
媒体	146
バイナリー発電	146
パオ	54
パッシブ	72,90
パッシブハウス	16,72
撥水剤	112
ハドレー循環	46
ハニカム構造	90,92
波力発電	126
パルス電圧振幅変調方式	150
パワーコンディショナ	128
ひさし(庇)	22,52,62
ビーズ法ポリスチレンフォーム	122
非電荷冷蔵庫	48
ヒートアイランド	42,44
ヒートアイランド現象	42,44,06
ヒートパイプ	132
ヒートブリッジ	76
ヒートポンプ	112,144,146,148,150
ヒノキ	52,88
フィトンチッド	88
フィトンチッド成分	90
風力発電	126,134
フェーン現象	42
輻射暖房	50
複層ガラス	120
ペルチェ効果	132
偏西風	26,28
貿易風	26,28,46
放射冷却	26,48
法隆寺	16,88
飽和水蒸気量	36
北海道気候	30
掘立柱建物	50
骨組み	60
ポリエチレン	114
ホルムアルデヒド	82,90
ホワイトローム	108

マ

マグマ	110,146
マテリアルリサイクル	138
マンション	124
ミストシャワー	94,96
緑のカーテン	106
木質バイオマス発電	136
木造建築	88
モンスーン	26

ヤ

焼け石に水	94
屋根塗装	102
山谷風	26
有機物資源	136
床暖房	112,114,116
溶岩	110
溶岩によるエコハウス	110
よし	104
よしず	104,106
寄棟造り	52

ラ

ライフ・サイクル・カーボン・マイナス	18
ラニーニャ現象	46
力率	150
リサイクルエネルギー	126
ルーフシート	100
冷媒	144,146,148
レンガ	64,112

ワ

わら	60,90
わらの呼吸	60
わらブロック	60

| 外断熱 | 50 |
| 外断熱化 | 118,120 |

タ

ダイオキシン	138
体感温度	40,50
大気大循環	26,28
太平洋岸気候	30
太陽高度	24
太陽光発電	126
太陽電池	128
太陽熱	130
太陽熱温水器	130
太陽熱利用エネルギー	126
高床式倉庫	58
高床式ハウス	58
多環芳香族炭化水素	138
畳	90
竪穴式住居	10,50,62
炭化	92
断熱化	118,120,122
断熱材	122
断熱性能	34,76
地下室での居住	86
地球温暖化	12,42
蓄熱	102
蓄熱効果	112
蓄熱材	116
蓄熱体	62
チセ	50
地中熱	48,50
地中熱エネルギー	146
地中熱利用	50
中緯度地域	28
貯湯槽	130
低緯度地域	28
低気圧	26
低周波音	134
低反射複層ガラス	120
テラコッタ	112
電気湯沸し器	148
天水桶	98
伝導率	122
トップランナー制度	84
ドレン	149

ナ

内陸性気候	30
南西諸島気候	30
南中高度	22
日照時間	38
日照量	24
日本海岸気候	30
熱	32
熱エネルギー	146
熱汚染	42
熱貫流	34
熱貫流値	76
熱貫流率	34,120
熱橋	76,118
熱交換型換気	120
熱交換型換気装置	76
熱交換器	144
熱対流	32
熱電材料	132
熱抵抗値	35
熱伝達率	34
熱伝導	32,34,100
熱伝導率	32,34,100,122
熱電併給	140
熱電併用供給システム	140
熱電変換素子	132
熱発電	132
熱媒	130
熱副射	32
熱放射	32,34
年間冷暖房負荷	74
粘土セラミックス	64

ハ

| バイオマスエネルギー | 126,136,138 |
| バイオマス発電 | 136 |

木の上ハウス	66	シベリア気団	38
気密性能	74	四方弁	144
旧省エネルギー基準	84	住宅性能表示制度	82
給湯エネルギー	130	住宅のライフサイクル	18
給湯器	112	集熱器	130
キュリー温度	114	省エネルギー法	84
凝結熱	46	省エネ住宅	70
凝縮	146	蒸散作用	106
強制対流	32	照射角度	22
京都議定書	84	照射方向	22
局地風	26	上昇気流	28
極偏東風	26,28	焼成顔料	102
霧噴射	94	正倉	52
躯体	60	正倉院	52,58
グラスウール	122	新エネルギー	126
クールタオル	94	新省エネルギー基準	84
系統連系	128,134,140	すだれ	104,106
結露	118	ストローベイル・ハウス	60
ゲル	54	スマートグリッド	78
建築技術	70	スマートコミュニティ	78
建築デザイン	70	スマートシティ	78
建築用語	20	スマートハウス	16,78,80
顕熱	42	スマートメーター	80
顕熱蓄熱	116	炭	92
高緯度地域	28	精油成分	88
高気圧	26	絶対湿度	36
コージェネレーション	138,140,142	設備技術	70
コリオリの力	28	雪氷熱利用エネルギー	126
		瀬戸内海気候	30
サ		ゼーベック係数	132
再生可能エネルギー	12,68,80,144	ゼーベック効果	132
サイディング材	110	ゼーベック素子	132
栽培資源系	136	セラミックス	112
ジェット気流	26,28	セラミックビーズ	102
ジオパワーシステム®	146	セルスタック	142
次世代省エネ基準	74	セルローズファイバー	122
次世代省エネルギー基準	84	セントラルヒーティング暖房	72
自然エネルギー	126,128	潜熱	42
自然対流	32	潜熱蓄熱	116,152
シックハウス	82,90	相対湿度	36
シートによるエコハウス	100	粗セラミックス	64

索引

英数字

BDF	136
BEMS	84
CASBEE	85
EPS	122
FRP	108
HEMS	78,80,84
K値	34
LCCM	18
masa™加工	100
PET	114
PTCヒーター	112,114
RDF	136
RPF	136,138
U値	34
1次エネルギー	74

ア

空き缶によるエコハウス	100
アクティブ	72
校倉建築	52
校倉造り	52,58
雨水システム	96,98
家の断熱化	118
維管束	62,90,104
い草（藺草）	90
板倉造り	52
癒しの空間	108
囲炉裏効果	62
インバータ	142,150
ウォーカー循環	46
内断熱化	118,120
打ち水	94,96,100,104,106,108,110
運動エネルギー	32
エコアイス®	152
エコキュート®	148
エコジョーズ®	148
エコハウス	16,58,68,70,88,90,92,108,126
エコハウス建材	64
エコライフスタイル	68
エネファーム®	142
エルニーニョ現象	46
小笠原気団	38
屋上緑化庭園	100,108
屋上緑化庭園化	44
温室効果ガス	42
温水式オンドル	56
温度差エネルギー	126
オンドル（温突）	56

カ

海洋温度差発電	126
海陸風	26
下降気流	28
ガス湯沸し器	148
風	26
化石燃料	12
可塑性	112
合掌造り	62
カットアウト風速	134
カットイン風速	134
カッパドキア	66
家庭エネルギー管理システム	78
家庭のエネルギー消費	14
家庭用バイオガス・システム	138
カーボンニュートラル	136
かや葺き屋根	62
かや葺き屋根の家	104
換気装置	72
環境基本性能	68
岩石外壁	110
気化	94,96,106
気化熱	46,104,106,110,112
気候	30
季節風	26
気団	30,38

●〈執筆者・紹介〉(敬称略、五十音順)
鈴木　八十二(すずき・やそじ)

① 略歴：
1967年3月	東海大学・工学部・電気工学科・通信工学専攻卒業
同　年4月	東京芝浦電気株式会社(現、(株)東芝)入社、機器事業部配属
1971年7月	同社、電子事業部(現、(株)東芝・セミコンダクタ社)転勤
	電卓、時計、汎用ロジック、メモリー、マイコン、車載用LSI、ゲートアレイ、
	オーディオ/テレビ用LSI、TAB(Tape Automated Bonding)の開発量産化等に従事
1973年2月	米国・フィラデルフィアにて開催された国際固体回路会議(ISSCC)で
	C^2MOS^{TM}回路を用いた世界最初の電卓用C^2MOS^{TM}-LSI開発を発表
1977年10月	関東地方発明表彰発明奨励賞を受賞
1979年6月	全国発明表彰発明賞を受賞
1990年10月	同社、電子事業本部(現、(株)TMD)へ転勤
	液晶担当副技師長として液晶ディスプレイ製品の開発と量産等に従事
1991年7月	NHK総合テレビ「電子立国・日本の自叙伝、第4部　電卓戦争」出演
1995年3月	(株)東芝　退社
1995年4月	東海大学、工学部　通信工学科　教授　就任
2001年4月	東海大学、電子情報学部　エレクトロニクス学科　教授
2002年4月	SEMI Japan PCS-FPD ロードマップ賞　受賞
2006年4月	東海大学、情報理工学部　情報通信電子工学科　教授
2008年4月	東海大学、情報通信学部　通信ネットワーク工学科　教授
2010年3月	東海大学　退職
2010年6月	正和溶工㈱、技術顧問就任
2012年5月	同社、技術顧問退任

② 主な著書：「トコトンやさしい　エコデバイスの本」(2012)、「よくわかる　エコデバイスのできるまで」(2011)、「トコトンやさしい　液晶ディスプレイ用語集」(2008)、「ディジタル論理回路・機能入門」(2007)、「集積回路シミュレーション工学入門」(2005)、「よくわかる　液晶ディスプレイのできるまで」(2005)、「トコトンやさしい液晶の本」(2002)、「パルス・ディジタル回路入門」(2001)、「液晶ディスプレイ工学入門」(1998)、「CMOSマイコンを用いたシステム設計」(1992)、「半導体メモリーと使い方」(1990)、(以上、日刊工業新聞社)、「ビギナーブック8・はじめての超LSI」(2000)、「最新 液晶応用技術」(1994)、「CMOS回路の使い方」(1988)(以上、工業調査会)、「ディジタル音声合成の設計」(1982)、「CRTディスプレイ」(1978)、(以上、産報出版)など多数

③ その他：経産省プロポーザル審査委員、NEDO開発機構審査委員、照明学会・電子情報機器光源に関する委員会委員長、光産業技術振興協会・ディスプレイ調査専門委員会委員長、SEMI部品・材料分科会会長、リードエグジビッションジャパン主催・ADY選考委員、日刊工業新聞社主催・国際新技術フェア・優秀新技術賞審査委員など歴任

新居崎　信也（にいざき・のぶや）

①略歴：
1971年3月	九州大学・大学院・工学研究科・通信工学専攻、修士課程終了
1971年4月	㈱日立製作所に入社、生産技術研究所勤務、主に電子機器の設計と実装技術の開発に従事
1985年11月	住友化学㈱に勤務、主に電子材料と表示素子の開発に従事
1996年10月	STI社へ出向、主幹、主にカラーフィルターの開発に従事
1999年7月	㈱住化技術情報センターへ出向、技術調査グループ、主幹研究員
2012年3月	㈱住化技術情報センター退職

②主な著書：「トコトンやさしい　エコデバイスの本」、「よくわかる　エコデバイスのできるまで」、「よくわかる　液晶ディスプレイのできるまで」、「トコトンやさしい　液晶の本」（以上、日刊工業新聞社）、「カラーフィルター成膜技術とケミカルス」（㈱シーエムシー）等

③その他：照明学会・電子情報機器光源に関する委員会幹事歴任

吉野　恒美（よしの・つねみ）

①略歴：
1971年3月	福岡大学・工学部・電気工学科卒業
1971年4月	ウエスト電気株式会社（現　パナソニック・フォト・ライティング㈱）入社、技術部配属、主にキセノン放電管応用商品開発に従事
1985年4月	開発部へ転属、主にストロボ要素開発・商品化、コンパクトカメラのオートフォーカス開発に従事
1997年4月	CCFL用圧電式インバータ開発、プリズム一体成形導光板開発チームリーダ
1999年5月	携帯電話向けバックライト商品開発プロジェクトリーダ
2008年9月	パナソニック・フォト・ライティング㈱退職、同社顧問として液晶テレビ用バックライト、LEDストロボ等の要素技術開発指導に従事
2010年9月	パナソニック・フォト・ライティング㈱顧問退任
2012年9月	マーケティングアドバイザー（中小企業の技術・商品開発支援）

②主な著書：「トコトンやさしい　エコデバイスの本」、「よくわかる　エコデバイスのできるまで」（以上、日刊工業新聞社）

③その他：照明学会・電子情報機器光源に関する委員会委員、電子情報技術産業協会・LCD用LEDバックライト規格委員会委員等歴任、ディスプレイ用インバータ、バックライト関係の論文発表、および、特許出願多数など

今日からモノ知りシリーズ
トコトンやさしい
エコハウスの本

NDC 549.8

2013年8月29日　初版1刷発行

監修者	鈴木 八十二
ⓒ編者	エコハウス検討委員会
発行者	井水 治博
発行所	日刊工業新聞社
	東京都中央区日本橋小網町14-1
	（郵便番号103-8548）
	電話　書籍編集部　03(5644)7490
	販売・管理部　03(5644)7410
	FAX　03(5644)7400
	振替口座　00190-2-186076
	URL　http://pub.nikkan.co.jp/
	e-mail　info@media.nikkan.co.jp
印刷・製本	新日本印刷(株)

●DESIGN STAFF
AD────────── 志岐滋行
表紙イラスト────── 黒崎　玄
本文イラスト────── 小島サエキチ
ブック・デザイン ──── 矢野貴文
　　　　　　　　　　（志岐デザイン事務所）

●
落丁・乱丁本はお取り替えいたします。
2013 Printed in Japan
ISBN　978-4-526-07113-3　C3034
●
本書の無断複写は、著作権法上の例外を除き、
禁じられています。

●定価はカバーに表示してあります